뒷자리

들어가며

처음에는 '기록이란…' '싸움이란…' 이러면서 나름 거창한 말로 글을 시작하려고 했다. 하지만 그런 말이 다 무슨 소용이람.

'누군가의 싸움'에 관해 적은 글을 모아 책으로 엮었다. 그간 발표한 글도 있고, 새로이 쓴 글도 있다. 언제 쓴 글이건 대부분 이런 물음을 품고 있다. 무엇이 그들의 존재를 가리는지, 왜 그들의 목소리는 들리지 않는지, 그리고 싸움이 지나간 자리를 떠나지 못하는 이들은 누구인지.

이런 질문을 품고 썼다고 했지만, 정작 나는 '보이지 않는 사람들' '목소리 없는 사람들' 같은 표현을 질색한다. 누군가의 존재를 온갖 장치로 가리고, 적극적으로 보지 않으려 하고, 목소리마저 가로막는 사회를 살아가면서, '보이지 않는' 혹은 '들리지 않는' 같은 수동의 표현을 사용하는 것이 영 마음에 들지 않는다. 대놓고 거짓말하는 걸 보는 기분이랄까.

'왜 보이지 않는가?' 이 질문의 답은 자명하다. 왜 외면하는가? 왜 앞서 잊는가? 왜 제대로 보지 않는가? 이 질문은 누굴 향하기 전에 나부터 걸려드는 질문이다. 원고를 묶으며 나는 필자의 자리를 정하는 데 애를 먹었다. 그건 글쓰기 기법적인 측면의 어려움이 아니었다. 양심의 문제랄까. 나 자신이 외면하고, 보지 않고, 쉽게 잊어버리는 위치에 있었다. 오래전에 쓴 글까지 책에 담다 보니 몇 년만에 연락을 하게 된 사람들이 있었다. 내 연락을 반겨주는 사람도 있었지만, 떨떠름한 반응을 보이는 사람, 심지어 내가 누군지 잊은 사람도 있었다. 싸움이 불거질 때 글을 쓰겠다고 찾아갔다가 글이 완성되면 그곳을 떠났다. 그러니 당연한 일이었다.

싸우는 사람들의 이야기를 글로 쓰는 건 어떤 자부심이나 사명감 때문이 아니다. 당장은 마음이 동해 싸움을 기록한다. 아주 작게나마 보탬이 되지 않았을까 희망을 품기도 한다. 그로써 내 세상만 안온하다는 부채감을 덜기도 한다. 그럼에도 내가 쓰는 글이 한순간 필요에 의해 소비된다는 생각을 지우진 못했다.

싸움을 기록하는 이에게 두 가지 소원을 꼽으라면 이것이 아닐까 한다. 하나는, 내가 기록하는 이 싸움이 서둘러 승리로 끝나기를. 또 다른 하나는, 싸움이 끝났다고 당사자가 글 작업을 멈추거나 완성된 글을 지워달라고 요구하지 않기를. 싸움을 알리는 것이 필요하여 인터뷰에 응했기에 그 필요가 끝나면 기록도 남지 않길 바라는 이들이 있다. 납득하지 못할 마음은 아니라 요구에 응하면서도, 그런 요구가 올까 봐 걱정한다. 그래서 나는 내가 누군가의 절박함을 글쓰기로 활용하는 사람이 아닐까 하는 경계심을 가지고 자신을 바라보는 동시에, 좀 손해 보는 일을 하고 있다고 생각하기도 했다.

  그러니 오랜만에 사람들에게 연락해 당신이 한창 싸웠을 때 쓴 글을 책에 담아도 될까요? 하고 묻는 일은 곤혹스러웠다. 반겨주면 민망함이 커졌고 냉랭하면 양심에 찔렸다. 안 된다고 말할까 봐 긴장이 됐다. 게다가 당시의 기록은 사건의 한가운데서 이뤄진 것이라 감정적 어조를 숨길 수가 없어, 몇 년 후에 다시 접했을 때는 여간 낯 뜨거운 게 아니었다. 그런 부분들을 지우며 글을 다듬는데 그건 단순히 수정 작업만을 의미하지 않았다. 한껏 식어버린 지금의 나를 확인하는 일이었다.

  온도 차를 확인하며, 그때 그 사람들을 다시 찾는 일은 나를 좀 지치게 만들었다. 사람은 잘하지 못하는 것은 하기 싫어하는 법이다. 잘한 것이 없어 모든 것이 불만스러웠을 때, 오랜만에 통화를 한 그 시절 인터뷰이가 나에게 '그때 그 글'에 사람들이 어떤 반응을 보였는지를 물었다. 그가 언급한 작품은 내가 손에 꼽을 정도로 아끼는 글인지라 기억을 더듬을 것도 없이 대답할 수 있었다. 싸우는 사람도 적고, 사회적 시선으로 보면 별 비중 없는 싸움이었던지라 사람들의 눈길을 끈 것은 아니었지만, 비슷한 처지에서 싸우는 사람들에게 기운을 주는 글이라 생각했다. 기록 당시 인터뷰이가 해준 말들은 기운이 넘쳤다.

  내 대답을 들은 그는 자신은 포털사이트 댓글에 달린 욕과 비난밖에 보질 못했다고 했다. 사람들이 그렇게 자기들의 싸움을 안 좋게 생각할 줄 몰랐다고 했다. 그런 댓글은 볼 가치도 없어요, 라고 황급히 말했지만 몇 년이나 늦어버린 답이었다. 좋은 반응도 많았는데… 하며 말끝을 흐렸지만, 이 또한 늦은 답. 결국 나에게만 기쁜 글이었다. 적어도 그때 그 시절 나는 이들과 '보는' 사이라 생각했는데, 시간이 지나고 보니 나 역시 이들을 '보여주려고' 안달난 사람일 뿐이었다.

글쓴이로서 내 자리를 솔직하게 찾아야 했다. 나는 싸움이 끝났다고 여겨지는 그 순간, 자리를 뜨는 사람이다. 끝날 때까지 남아 있는 일도 별로 없다. 싸움이 불거졌다고 당장 쫓아 달려가는 일도 없다. 그러나 돌아와 혼자가 되면 두고 온 이들을 생각한다. 분명 내 앞에서는 올해까지만 싸우겠다고 했으면서, 이듬해에도 또 다음해에도 피켓이든 뭐든 들고 나타나는 사람들을 생각한다. 이들 때문에 나는 다른 누군가가 자신은 오늘까지만 싸우겠다고 말해도 그저 그렇구나 한다. 실은 믿는 것이다. 싸움은 분명 끝났는데 무언가를 붙들고 자리를 지키는 사람들이 있다. 나는 그들이 붙드는 그곳에 정말 귀한 것이 있다고 생각하면서도, 그들이 그 자리를 떠나오길 바란다. 매 순간 결단과 인내를 필요로 하는 싸움의 과정에서 유독 더 삐거덕거리는 사람이 있고, 그런 순간들이 쌓여 자괴와 분노가 커지기도 한다. 나는 결국 '내가 죽어야겠다'며 울부짖는 사람 앞에서 고개를 끄덕거리지도 가로젓지도 않은 채 시간을 보내고 와서 며칠을 조용하게 지낸다.

나는 그 마음들을 풀어놓을 길이 없어 이 책을 쓰는지도 모르겠다.

그렇다고 여기에 내 마음을 쓰진 않았다. 그들의 마음을 쓰지도 않았다. 이 책에 담은 것은 흔적이다. 싸움이 지나간 자리에 남는 흔적. 사건과 과정, 평가와 의미가 아니다. 그저 흔적이다. 어떤 일이 있었고, 어떤 일은 흔적을 남긴다.

싸움이 끝나질 않는다고 말하는 사람부터 싸움이 끝나지 않았다고 말하는 사람까지. 때론 그건 이미 지나간 일이라고 말하는 사람도 만났다. 그들의 흔적을 좇았다. 지워진 발자국 같은 이야기를 들으며, 나는 스스로 납득하기 위해 이들을 설명할 문장을 만들었다.

큰 후회를 남기지 않으려고 작은 후회를 감수하며 사는 사람.

후회 없이 살고 싶다. 이 말이 얼마나 오만한 것인지 살면서 깨닫는다. 후회 없이 사는 일은 불가능에 가깝기에, 우리는 후회를 예감하며 한 발을 내딛고 자신이 감당할 만한 후회를 삼키며 살아간다. 어떤 일을 겪어낸 이들에게서 내가 본 의지와 끈기 같은 것, 그러니까 저력이라 불렀던 것은 숱한 후회를 감수하면서도 발을 내딛는 사람들의 마음이자, 후회를 뒤로 감춘 채 내주는 품이었을 것이다.

그것은 사건의 뒷자리에서도 여전하다. 어떤 흔적을 뒤적여도, 아무리 오래된 사건과 만나도, 여전히 움직이는 이들을 만나게 된다. 나도 마찬가지다. 그들이 움직였기에 나 또한 아주 천천히 몸을 틀 수 있었다.

공단 담벼락 안에 가두어도 "우리에게 봄이 올까요?" 묻는 이들이 있다. 머나먼 여정 끝에 낯선 땅에 와서도 지치지 않고 도시로 가고 싶다는 이가 있다. 건전지처럼 갈아 끼워지면서도 자신들의 일이 귀하게 대우받는 날이 올 때 그 자리에 있고 싶다고 하는 이가 있다. 사람들이 모르는 싸움을 했지만 "우리 그때 정말 잘 싸웠지?"라고 신명나게 말하는 이가 있다. 나는 그저 지나간 일의 흔적을 좇으려 했을 뿐인데, 이들은 그곳에서도 크고 작은 것을 감수할 준비를 하고 있었다.

그런 이들을 책에 담았다. 이것은 사건이 지나간 후, 그 뒷자리에서 내가 하는 일이다.

목차

들어가며 5

1부. 여전히 남은 사람들

1. 송전탑이 세워져도 마을의 시간은 가고
   밀양을 기억한다는 것은 19
   2023년 남어진과의 대화 32
2. 평화란 "아침까지 푹 잘 수 있는 것"
   미공군 폭격장 반환 이후, 매향리를 가다 46
   2023년 전만규와의 대화 62
3. 방사능 피폭 위험지대에 들어오셨습니다
   월성원전 최인접 마을에 가다 73
   2023년 황분희와의 대화 84

2부. 우리 싸움은 누가 기억하지?

1. 우리가 구호를 외쳤잖아요
   롯데호텔 파업과 성희롱 집단 소송 사건 105
   20년 후 스쿨미투 끝나지 않는 이야기 128

2. 통증에도 위계가 있어
   114 한국통신 안내원들의 근골격계 투쟁   144
   20년 후 10명 중 7명이 나가는 곳에서   165

3부. 들리지 않아도 목소리는 존재한다

1. 봄이 올까요
   공단에 숨겨진 노년 노동자의 꿈   185
2. 뿌리내리는 이들을 만나다
   고려인 마을에서 만난 사람들   199
3. 가장 늦게 잘리는 자, 경리
   아가씨 노동의 실체를 보다   219

참고도서 및 참고자료   237

1부.

여전히 남은 사람들

나는 누군가 악을 쓰며 싸우는 소리를 느지막이 듣는 사람이다. 귀 밝은 이들이 앞서 달려간 곳을 더디게 따라가면, 그곳에는 무언가를 막아내기 위해 인생의 많은 부분을 감내하는 사람들이 있다. 그제야 나도 자리를 잡고 기록을 한다. 그러는 사이 싸움이 끝나, 이들이 입버릇처럼 말하던 '일상으로 돌아가는 일'이 이뤄지기도 한다. 이들은 '이겨서 예전처럼 돌아가고 싶다'고 했지만, 돌아가는 길목에 늘 승리가 있는 건 아니다.

    이긴다… 그것이 과연 이뤄질 수 있는 일인지 모르겠다. 일단 싸움이 시작되고 나면 '이긴다'는 행위는 요구를 관철시키는 것만으로는 설명할 수 없어진다. 온전히 외쳐지는 요구도 없거니와 온갖 상흔과 감정이 쌓이는 까닭에 승리의 의미는 굴곡지거나 그 속을 채우는 내용이 달라진다. 누구든 싸움판으로 첫발을 디딜 때는 많은 다짐과 결심, (희망과 단념을 동시에 품는) 계산과 예측을 하지만 막상 그 안으로 들어가면 처음 예상한 것이 무엇이든 그 마음만으로는 버틸 수 없게 된다.

그런데도 사람들이 싸우는 걸 보면 분명 무언가 있다. 나는 그 무언가를 좇는 사람이지만, 때로 싸움이 지나고 난 자리를 생각한다. 싸움이 끝났다고 말하는 자리에 여전히 남은 사람들을 떠올린다.

거리에 세운 농성장이 아닌 집으로 돌아가고 싶다고 사람들은 말한다. 하지만 자신이 나고 자란 곳이 싸움터가 된 이들은 어디로 가나. 그들의 투쟁 '이후'는 어디에서부터 시작되나. 싸움이 시작되고 끝나는 자리에서 삶은 여전히 계속된다. 이들의 시간은 어떻게 흘러가는지, 그것이 마음에 남았다.

들여다본다고 볼 수 있는 일이 아니었다. 나처럼 집값에 떠밀려 떠돌아다니는 게 익숙한 사람이 한 지역에 뿌리를 내리고 십수 년을, 아니 대를 이어 살아온 이의 삶을 알 수 있을 리 없다. 밀양 송전탑 반대 싸움을 취재하러 갔을 때, 나를 집 뒤편 언덕으로 데려간 마을사람이 있었다. 거기엔 둔덕처럼 작은 무덤들이 줄지어 있었는데, 자신의 부모와 조부모의 묘라고 했다. 가족을 머리맡에 묻고 살아가는 이가 낯설고도 강렬해 차마 그 무덤들을 제대로 바라보지도 못했다. 그래도 덕분에 마을 사람들을 만날 때 "떠날 생각은 안 해보셨어요?" 같은 무지한 질문은 하지 않게 되어 다행이었다.

나는 자신이 뿌리내린 곳에 국가 권력과 자본의 힘이 밀고 들어오는 일을 감당하며 사는 삶이 어떤 것인지 감도 잡지 못한다. 그럼에도 '싸움이 끝난 곳에 머무는 사람들'은 내게 늘 어떤 물음표였으므로, 그들의 흔적을 잠시라도 보고 싶었다.

　1부에서 찾아간 지역은 밀양과 화성 매향리, 경주 나아리이다. 밀양은 송전탑 건설을 반대하는 투쟁이 오래도록 이어져 내 귀에까지 소식이 닿아 찾아간 곳이다. 10년 전 일이다. 싸움이 '끝났다'고 한 이후로는 그곳을 찾질 않았다. 하지만 나와 달리 시끌벅적한 소식에 찾아들었다가 떠나지 않고 정착한 이도 있었다. 그를 만나러 갔다.

　매향리 주민들은 내가 알기도 전에 싸움을 시작해 오래도록 싸우고 오래전에 '일상으로' 돌아갔다. 나는 이들이 새롭게 맞았다는 평화가 궁금했지만, 모든 것이 '전부' 평화로 워졌을까 하는 의문을 품고 간 것도 사실이다. 찾아가 이야기를 들었다.

　그리고 여전히 오래 싸우는 곳이 있다. 경주 월성원전 인근에 있는 나아리 마을 사람들. 이들은 정든 곳을 떠나기 위해 싸운다. 어떤 심정일까. 듣고 싶었다.

　각 장마다 시작은 지금으로부터 대여섯 해 전에 쓴 글로 열었다. 이 글들은 당시, 싸움의 의미와 상황을 알리기 위해 쓰였다. 기고 매체와 시기에 따라 글의 분량과 성격이 제각각 다르나, 그때의 상황과 분위기를 전하기 위해 내용을 크게 가미하지 않았다. 요즘의 모습은 '남은 사람들'과의 인터뷰를 통해 전한다. 그들과의 대화를 통해 싸움이 끝났다고 쉽게 이야기되는 곳에 머무는 사람들의 이야기를 들여다보았다.

1.
송전탑이 세워져도 마을의 시간은 가고[1]

밀양을 기억한다는 것은

송전탑이 완공된 지 3년이 지나 기사 하나를 보았다. 3년이면 기억이 잊힐 만한 시간이다. 사건이 잠잠해질 시간이다. 그런데 기사의 제목은 이랬다.[2]

〈지금이 제일 힘들다〉

2017년 3월에 열린 '밀양송전탑 마을공동체 파괴 증언대회'에서 나온 밀양 주민의 입말을 딴 제목이다. 그곳에는 절절한 '지금' 밀양이 있었다. 가장 큰 아픔은 마을에 세워진 송전탑이 아니라고 했다.

"마을 주민들 만날 때가 제일 고통스러운 거라에."

송전탑 건설 반대 입장과 찬성 입장으로 나뉜 마을. 예정된 일이었다. 송전탑이 눈앞에 보이지 않았을 때는 막연한 희망이라도 있었다. 송전탑만 사라진다면 모든 게 좋아지지 않을까. 건설공사가 중단되면 마을 잔치를 열고 싶다고 했다.

---

[1] 희정, 〈이후의 기억: 밀양을 기억한다는 것은〉, 《오늘의문예비평》 107호, 2017.
[2] 윤성호, 〈밀양송전탑 피해 주민들, 공동체 파괴 진상조사 요구 "지금이 제일 힘들다" 호소〉, 《오마이뉴스》, 2017.3.23.

공사가 중단되는 일은 없었다. 2014년 9월, 밀양을 지나는 765kV 송전탑 공사가 완료됐다. 주민들은 "송전탑을 안 막으면 안 막았지, 이웃하고 이렇게 살기는 싫다"고 했으나 세상살이는 잔인했다. 둘 중 하나만을 선택하게 하지 않았다. 송전탑은 세워졌고 마을은 분열됐다.

"분열이라는 말은 아주 작은 말이고 동네가 아주 박살이 난 기라예."

그 쪼개짐을 어떻게 설명해야 할까. 마을 주민들끼리의 법적 소송을 이야기해야 할까. 마을회관에서 벌어진 난투극을 말해야 할까. 길 가다 이웃이 보이면 외면해버리는 새로운 광경을 언급해야 할까. 집마다 달아둔 CCTV가 그 상징이 될까.

몇몇 동네는 공문과 내용증명이 아니면 소통할 수 없을 정도로 '망가졌다'. 망가졌다는 말을 주민들이 직접 할 정도로 돌이킬 수 없는 모습이 되어버렸다. '되돌릴 수 없다'는 말 또한 주민들의 표현을 빌려온 것이다.

내 것, 네 것 없는 동네였다. 우리 집에는 젊은 사람이건 나이 든 사람이건 다 놀러왔다. 그런데 지금은 혼자 집에 누워 있으면 무섭다. 누가 갑자기 찾아와서 해코지할까 심장이 벌렁벌렁하다.[3]

---

3 정환봉, 〈세 마을 잔혹사: 돈으로 마을을 부쉈다〉, 《한겨레21》 1172호, 2017.7.25.

밀양의 억울함은 여전해

마을이 이렇게 된 과정을 짚기 위해 밀양 송전탑 반대 투쟁을 이야기해야 한다. 송전탑 싸움은 사람들에게 '밀양 할매'들의 울부짖음으로 기억된다. 밀양 주민들은 송전탑 부지로 가는 길목에 농성장을 세우고, 그 아래 구덩이를 팠다. 농성장을 철거하러 공권력이 오면, 주민들은 구덩이를 무덤이라 했다. 때로는 몸에 쇠사슬을 묶었고 어느 날은 옷을 벗어 맨몸으로 대적했다. "전쟁이 이런 전쟁이 없다." 일제강점기 때 놋그릇을 빼앗기고 6.25 전쟁 때 군인들이 마을을 헤집고 다녔지만 그래도 지금 같은 전쟁이 없었다고 팔순의 노인이 혀를 내두를 정도였다.

언론도 여론도 무심하던 공사 초창기에는 몸뚱이 하나로 젊은 인부들에 맞섰다. 모욕은 나이를 가리지 않았다. 이치우 어르신이 분신한 날에도 한나절 폭력이 있었다. 일흔 넘은 노인이 몸에 불을 붙였다. 그제야 언론사 카메라가 밀양을 향했다. 해결될 기미는 보이지 않았다.

2013년 5월, 공사가 강행된다. 13번째 공사 재개였다. 3천여 명의 경찰 병력은 밀양 5개 면 곳곳에 배치된다. 그건 마치 점령군 같은 모양새였다. 전리품은 밀양 주민들의 평범한 삶이었다. 행정대집행[4]이라는 명목으로 주민들의 농성장

---

4 2014년 6월 11일, 밀양시와 경찰, 한국전력공사가 행정대집행이라는 명분으로 주민들이 농성을 하기 위해 세운 움막을 강제 철거하는 일이 벌

이 철거된 그해 6월을 지나, 마을별 합의 소식이 줄지어 들려오던 겨울을 지나고, 2014년 9월 한국전력공사(이하 한전)는 밀양 송전탑 69기의 완공 소식을 알렸다. 그것은 모든 것이 완료되었다는 말로 들렸다. (공사가) 끝났다고 했다. 사람들은 밀양 싸움에 마침표가 찍혔다고 믿었다.

그러나 시간에 마침표를 찍을 수 없듯 삶은 계속된다. 하루 24시간 일 년 365일, 밀양에도 시간이 흐른다. 그 시간을 송전탑과 함께해야 했다. 밖에 나가면 거대한 흉물이 아픈 기억을 끄집어내고, 방안에 들어서면 자책과 분노가 몸을 훑고 간다. "용서할 수 없어요." 누군가는 말했다. 폭력의 기억 때문에 용서하지 못하는 것이 아니다.

"누군가의 힘에 의해 억지로 됐잖아요. 합법적 공사가 아니잖아요. 우리들 다 죽는다고 했는데 대화를 했어야죠. 그걸 안 해줬잖아요. 권력에 의해 우리가 짓밟히고 세워진 건데 용서를 할 수 없죠."[5]

대화는 없었다. 송전탑을 반대해온 10년 동안 이들은 자신의 목소리가 무시당하는 과정을 반복해 겪었다. 목소리만

어졌다. 이날의 과잉진압은 국제 엠네스티와 UN 인권위의 항의를 받았고, 밀양의 인권상황을 조사하기 위해 현장 방문이 이뤄지기도 했다. 경찰청 인권침해사건 진상조사위원회조차 당시 행정대집행이 과잉진압이었으므로 경찰청장이 사과해야 한다고 권고하기도 하였다. 그러나 주민들을 대상으로 한 가압류만 해제되었을 뿐, 폭력 책임자들의 사과와 징계는 없었다. 당시 밀양경찰서장으로 행정대집행을 지휘한 김수환은 후에 치안정감(1급)과 경찰대학장직에 오른다.

5   밀양구술프로젝트,《밀양을 살다》, 오월의봄, 2014.

낼 수 없었던 게 아니다. 정부와 한전은 송전탑에 관한 정보를 말하지 않았다. 갈등(의 비용)을 줄이는 한전 나름의 방식이었다. 송전탑은 일단 땅에 꽂히면 되돌릴 수 없는 일이라 여기는 걸까. 밀양에서는 '송전탑이 세워져도 변하는 것은 없다'는 거짓말이 일찍 발각됐다. 송전답 공사가 들어가기 전부터 농협은 송전탑 부지 인근 전답을 담보로 하는 대출을 거부했다. 한 푼 두 푼 생기면 땅부터 샀다는 농민들이 술렁였다.

돈이 떠내려간다

주민들은 송전탑 공사에 동의하길 거부했다. 그러나 한전은 송전탑을 세우는 몇 가지 노하우가 있었다. 2010년 국민권익위원회 중재로 만들어진 갈등조정위원회에서 한전은 그중 하나의 방법을 사용한다. 간접보상금인 마을발전기금 45억 원을 제시한 것이다. 이는 법으로 정한 보상 기준이 아니었다.[6] 마을발전기금은 한전이 따로 내규로 규정한 별도보상금이다. 다음해 보상액은 125억 원으로 오른다. 2012년엔 한전의 고무줄 내규가 165억 원을 제시한다. 보상금액이 4배나 증가한 까닭은 이치우 어르신의 분신과 밀양 주민들이

---

6   당시 전원개발촉진법에 따르면 송전선로 양측 최외선 3m 이내 토지만 직접 보상을 할 수 있었다.

당한 폭력에 있었다. 한전이 태양광밸리 산업을 밀양에 유치시키겠다고 공언한 2013년에는 송전탑을 둘러싼 싸움이 여느 때보다 컸다.

한전은 주민들의 반대가 거세지자 보상금 액수를 높여 설득에 들어갔다. 더불어 토지가치 하락 보상을 34m에서 94m로 확대하는 지원사업 입법화, 지역 특수보상사업비 40억 원 증액 등을 약속했다. 그럼에도 송전탑 건설에 합의하는 마을은 늘지 않았다. 오히려 밀양사람들은 한전이 왜 이렇게 무리해서 돈을 쓰는지 이해하지 못했다. 주민들이 보상을 거부하자, 한전은 새로운 파트너를 찾기 시작했다. 자칭 주민대표단이 결성됐다. 한전은 이들과 갈등해소특별지원협의회를 구성한다.

'내규'에 따른다는 한전의 보상 원칙은 2013년에 그 유연성이 정점을 찍는다. 한전은 내부규정 중 송변전 건설 특수보상 운영세칙 일부를 개정한다. 그간 개인에게 지급할 수 없게 한 마을 공동보상금을 '경우에 따라' 세대별로 지급할 수 있도록 한 것이다. 첫 적용 대상이 밀양임은 말할 것도 없다. 한전은 마을발전기금 중 40퍼센트를 개별세대에 나눠 지급하겠다고 밝혔다. 물론 지급의 전제조건은 공사 합의였다.

처음엔 망설였다. 몇백만 원의 개별보상금을 받기 위해 '공사를 일체 방해하지 않는다' '이후 발생하는 손해에 대한 책임을 묻지 않는다'는 약속을 해야 했기 때문이다. 항복문서라 불렸다. 그러면서도 "돈이 떠내려 간다"고 했다. 정해진 기간 안에 수령하지 않을 시 한 푼도 받을 수 없다고 했다.

사람들은 그때부터 떠내려갈 돈을 걱정했다.

"주변에서 자꾸 받았다고 하니 마음이 많이 흔들렸어요. 게다가 기한까지 정해놓으니, 그때 지나면 못 받는 게 아닌가 괴롭고."[7]

완강했던 저항에 파열구가 났다. '못 받으면 나만 바보되는 게 아닌가' '당신 때문에 못 받으면 책임질 거냐' 온갖 질문이 사람들을 괴롭혔다. 이 전례 없는 직접보상은 위험하기 짝이 없었고, 밀양에 적용된 후 바로 폐지된다. 오직 밀양 송전탑만을 위한 내규였다. 효과는 분명했다.

2013년 10월 동화전마을 합의, 2013년 12월 위양마을 합의, 2014년 2월 보라마을 합의… 2014년 4월 한전은 모든 마을이(실제론 고답마을 제외) 합의를 했다고 언론을 통해 알린다.

어차피 송전탑 다 지어졌고

송전탑이 세워지고 마을에는 돈이 생겼다. 줘도 갖지 못하면 바보라 했다. 그러나 끝내 건설 공사에 합의를 하지 않은 150가구가 있다. 찬성 주민들은 보상금을 건설 반대 주민들과 나누려 하지 않았다. 몇몇 마을에서는 뒤늦게 보상금을

---

[7] 밀양765kV송전탑반대대책위, 《밀양송전탑 반대투쟁 백서 2005~2015》, 2015.

받기로 동의한 주민들에게 각서 서명을 조건으로 걸었다. 송전탑 반대 활동을 일절 하지 않는다는 각서였다. 각서를 쓰고 돈을 받은 이들은 찬성과 반대 어느 측에도 낄 수 없었다. 마을이 하나에서 둘로 나눠진 게 아니다. 주민의 말을 빌리면 "동네가 박살이 났고 쪼가리가 났다."

그런 와중에도 돈은 계속 들어왔다. 전력설비 견학비 5백만 원, 체육대회 행사비 1천만 원… 마을회관 비품 구매, 마을 행사 지원 등 돈 들어올 구실은 많았다. 2014년 국정감사에서 밝혀진 바로, 보상금과 별도로 한전이 송전탑 마을에 지급한 돈이 1억 6천여만 원이다. 보상 규정에 없는 돈이다. 마을발전기금의 사용처와 분배를 두고 주민들 사이에 갈등과 의심이 만연한 상황에서 규정 없는 돈까지 들어오니 비리가 생겨났다. 고소 고발이 잇따랐다.

○○마을에선 건설 반대 측 주민이 한전과 주민대표 5인을 고소하는 일도 벌어졌다. 한전이 보상 규정에 없는 1천만 원을 주민대표 명의 통장에 입금했다는 것이다. 한전은 그것을 두고 '힐링비'라 했다. 국정감사장에 나온 한전 사장은 그 억 단위 돈을 주민 화합과 갈등 치유를 위해 내놓았다고 해명했다.

화합이 필요하긴 하다. 밀양은 살벌했다. 그 일례로, 어느 마을이건 이장직 선거는 각축전이 됐다. 몇억 단위 보상금을 관리하고 투자, 분배할 수 있는 권한이 이장에게 주어졌다. 그러니 너도 나도 선거에 나갔다. 어떤 마을은 이장이 '건설개발 사업'을 제대로 처리하지 못했다는 이유로 경질된다. 건설개발이란 보상금으로 세운 도로, 경로당, 체육시설, 농산물 판매타운 등을 가리킨다. 쉬운 말로 '다른 마을은 보상금을 잘 따오는데'라는 불만이었다. 그러니 밀양 다섯 개 마을 이장직 선출은 그 어떤 선거보다 뜨겁다. 음해와 비난도 난무한다. 선거가 끝나면 마을은 조금 더 조각났다.

한전이 돈을 얼마를 쓰든, 그것으론 '힐링'할 수 없었다. 마을회관에 에어컨을 놓고 지붕을 수리하고 관광을 가도 힐링과는 거리가 멀다. 그래도 도로를 헤집고 무언가를 세운다. 보상심리였다. 어차피 송전탑 다 지어졌고. 한전으로부터 받을 수 있는 혜택은 최대한 받아내야 한다. 마을이 쪼개질수록 보상심리는 커져갔다. 마을에 돈이 남은 것이 아니었다. 돈밖에 남은 것이 없었다.

국가는 소박한 삶들을 이겼다

마을 사람들은 '돈이 웬수'라고 했다. 돈이 원수일까. 한전이 마을로 돈을 흘려보낼 때, 정부는 전력난을 앞세워 밀양을 압박했다. 보수 정치인들은 외부세력으로 인한 갈등을 운운했고, 황색언론은 그 말을 따라 적었다. 3천 명의 공권력이 밀양에 주둔했고, 주민과 연대자 383명이 고소고발 등으로 입건됐다. 그렇게 "많은 비용과 인력을 투하해 장시간 다

방면으로 작업한 결과로 얻어낸 성과물"[8]이 송전탑 건설이었다.

국가는 소박한 삶들로부터 승리했다. 밀양은 국책사업 의지를 천명하는 장이 됐다. 산업의 기반인 전기가 전 국토에 깔려야 한다고 했다. 산업발전 앞에 다소의 희생은 불가피하다고 했다. '불가피한' 희생에서 비롯하는 저항은 돈으로 메웠다. 비용은 적을수록 좋았다. 정당한 보상과 민주적 합의에는 큰 비용이 든다. 선로를 변경하는 일에도, 다른 대안을 찾는 일에도 돈이 든다. 그래서 하지 않았다. 지역민들이 입은 정신적·신체적 피해는 조사되지 않았다. 피해는 몇 푼의 보상금으로 영구 은폐됐다. 덕분에 우리의 전기는 밝고 저렴했다.

한국은 산업용 전기소비량이 세계 4위인 나라가 됐고, 30개 그룹은 5년 사이 전력사용량을 50퍼센트까지 증가시켰다. 원전[9] 수출국 국민인 우리는 밀양 노인들이 "도시의 밤이 너무 밝아 원망스럽기보다는 슬프다"라고 말하기 전까진 의심하지 않았다. 왜 그렇게 많은 전기가 만들어져 도시의

---

8 앞의 책.
9 한국은 핵발전소를 원자력발전소(원전)이라 부르고 있다. 우리가 원전이라 부르는 것은 '핵분열 연쇄반응'을 통해 전기를 생산하는 방식의 발전소이다. 세계 대부분 국가에서는 원전(atomic energy)가 아닌 핵발전소(nuclear energy)라는 용어를 사용하고 있다. 그러나 한국과 일본 등 일부 국가에선 원전이라 부른다. 핵발전소가 더 적합한 명칭이겠다. 그럼에도 대중들에게 '원전'이 더 익숙한 용어이기에 이 책에서는 '원전'이라는 명칭을 사용하고자 한다.

밤을 하얗게 밝혀야 하는지. 왜 우리가 원전 23개, 화력·가스 열병합 발전소 170여 개, 송전탑 4만 1천여 개(2016년 기준)를 안고 살아야 하는지.

질 수 없는 마음이 달라지다

2014년, 적지 않은 이들이 밀양의 패배를 걱정하던 그때 밀양 주민들은 한 문장을 가슴에 들었다. 행정대집행 1주년이 된 날이었다. 그날을 기억하고자 모인 연대자들 앞에서 밀양 주민들은 한 글자씩 새겨진 피켓을 들고 섰다. 글자를 합쳐 하나의 문장을 만들었다.

"나의 마음은 지지 않았다"

송전탑이 세워지고 마을이 쪼개지고 다친 몸이 욱신거리고 상처가 잊히질 않아도, 나의 마음은 지지 않았다.

싸움을 끝낼 수도, 질 수도 없다. 이곳은 그네들의 삶터였다. 사는 일엔 끝이 없다. 돈 몇 푼에 숨어 들어갈 수도, 쪼개진 마을이 싫다고 떠날 수도 없다. 어차피 막아봤자 소용없는 일이었다고 거짓 위안을 할 수도 없다. 그저 주어진 결과를 받아들이고 살아가야 한다. 거친 흙에서 열매를 얻기까지 땀 흘린 날들처럼, 과정과 다른 결과가 나올 수 있음을 알면서도 땀 흘려야 하는 삶처럼, 살아온 대로 살아가야 한다. 상처도 땀에 흘려보내야 한다. 삶이 계속되는 동안 싸움을 끝낼 수 없다. 그래서 마음은 질 수가 없다.

다만 질 수 없는 나의 마음이 달라졌다.

"처음에는 내 재산 내 것만 지키려고 나섰다. 나서보니까 국회든 어디든 가보니까. 대가리 속에 도둑질을 어떻게 할지만 들어 있다. 우리는 오늘 죽으면 끝이다. 그렇지만 우리 후손들은 다른 세상에서 살아야 한다."

처음에는 변하는 게 싫어서 싸웠다. 내 땅이 변하고 마을이 변하는 게 싫어서 싸웠다. 그런데 어느새 내가 변해버렸다.

이들은 잊지 못할 것 같다고 말했다. 폭력의 기억만 잊지 못하는 게 아니었다. "그렇게 아픈 사람들이 있다는 걸 잊지 못할 것 같아요." 전기가 할퀴고 지나간 자리는 밀양에만 있지 않았다. 국가권력이 할퀸 자리는 무수했다.

밀양은 탈핵과 만났다. 송전탑을 따라가 보니 발전소가 있었다. 원전 가동을 중단시키고자 한다. 송전탑 자체가 필요 없어져 '밀양에서 뽑혀 나가는 그날'을 기다린다. 탈핵을 외치며 밀양 주민들은 서울 농성 길에 올랐다. 송전탑 건설이 중단되면 열고 싶다던 마을잔치를, 이루지 못한 바람을 또 한 번 이야기한다.

"(신고리 5·6호기 건설 중단되면)[10] 잔치할기다. 연대한

---

[10] 2017년 7월, 신고리 원전 5·6호 건설이 잠정 중단됐다. 후보 시절 신고리 5·6호기의 백지화를 공약으로 내건 문재인 대통령이 사회적 합의를 통해 결정하겠다며 잠정적으로 공사 중단을 한 것이다. 이 문제를 사회적 공론화로 해결하겠다는 방침 하에 공론화위원회를 구성하고 시민참여단의 찬반투표로 신고로 5·6호의 운명을 결정짓겠다고 했다. 그 결과 재

사람들 몇 날 며칠로 불러갖고 오래 잔치를 벌일 거다"[11]

예전처럼 오순도순하게 살고 싶은 밀양 주민들의 바람은 여전하다. 다만 함께 살고 싶은 이들이 늘어났다. 작은 마을이 쪼개졌다고 하나, 정작 쪼개진 공동체를 살아가고 있는 건 우리일지도 모른다. 지금의 터전이 아슬아슬하긴 해도, 밀양이라는 이름의 공동체는 자리를 넓히고 있다. 세월은 흐르고 눈물범벅이던 행정대집행도, 주민들이 타령을 타던 밀양아리랑도 가물거린다. 그래서 우리는 밀양을 잊었나. 아니다. 질문을 바꿔 묻는다. 밀양을 기억한다는 것은 무엇일까.

여전히 원전 가동을 두고 갈등이 거세다. 몇몇 지역에선 원전 건설 재개를 요구하고 있는 쪽이 지역 주민들이다. 격렬한 시위를 동반하기도 한다. 그들에게서 밀양을 본다. 보상심리. 이미 원전은 들어왔고 혜택이라도 받아야 한다. 원전과 송전탑이 들어선 곳 어디에나 국가의 이름으로 '지원금'이 사용된다. 밀양을 매수하듯 그곳을 길들인다. 어디에나 밀양이 있다. 밀양을 잊지 않는 일은 밀양이 준 교훈을 기억하는 것임을. 지금 우리는 이 사실을 잊음으로써 밀양을 잊고 있는 건 아닐까.

개 59.5퍼센트, 중단 40.5퍼센트로 건설은 다시 재개되었다. 2021년에는 그린피스와 560국민소송단이 원자력안전위원회를 대상으로 제기한 신고리 5·6호기 건설허가 취소 소송마저 대법원에서 패소했다.

11 진명선, 〈신고리 중단되면 잔치할기다〉, 《한겨레21》 1182호, 2017.10.12.

2023년
남어진과의 대화

밀양 목공소에서, 그리고 서울 영등포 꿀잠[12]에서

'어진이 웃는다'라는 제목이었나. 아니구나. "어진이 카메라를 들면 밀양이 웃는다." 이거다. 이 제목을 달고 인터뷰 글을 쓴 적 있다. 남어진을 2013년에 밀양에서 처음 만났고, 2015년에 인터뷰를 했다. 햇수로 따져보면 9년 전 글인데도, 남어진에게 인터뷰를 요청하는 사람들은 그 기사를 읽고 와서 같은 걸 묻는다고 했다.

어떻게 밀양에 오게 되었나요?

"오래돼서 나는 그때가 기억도 안 나는데. 그래서 가끔 그 글을 찾아본다니까요. 내가 무슨 말을 했는지 알아야 저 사람이 물어보면 대답을 하지. 그래도 다시 읽어보니까, 뭐 나쁘진 않았어요."

이 대화의 결론은 언론사와 인터뷰를 한 기록은 생각보다 오래 남으니 인터뷰를 응할 때 신중해야 한다는 것. 십여 년 전, 그가 고등학생 신분인데다가 타지에서 왔기에 사람들은 궁금해했다. 왜 밀양에 왔는지. 나 또한 물었다.

---

12   비정규노동자쉼터 꿀잠.

2학년 때부터 학교가 다니기 싫어졌어요. 수업 시간에 교과서 대신 책을 들고 갔어요. 집에 있는 책을 잡히는 대로 읽으면서 내가 무얼 하며 살고 있는지 모르겠다는 생각을 했어요. 그러다 밀양 싸움을 기사로 봤는데, 여기를 한번 가봐야겠다 생각했어요. 밀양에 오기 전날에 엄마, 아빠한테 말했어요. 지금 생각하면 오글거리는데 (웃음) '내가 이렇게 사는 게 딴 사람에게 피해를 주고 고통을 가하는 거 같다. 밀양 할머니들이 나 때문에 피해를 보는 것같이 느껴진다. 한번 가서 보고 오겠다'고요.[13]

한 번 들러보겠다고 온 곳을 떠나지 못하고 송전탑 반대 대책위[14] 소속으로 활동까지 했다.

가니까 산비탈에 할머니들이 앉아 계시고 경찰은 계속 올라오고. 비상식적인 일이잖아요. 사람들이 길에서 울고 밥을 먹고. 거기서 하룻밤을 잤어요. 잘 줄 모르고 침낭 이런 것도 안 챙겨왔어요. 사실 자지도 못 했어요. (…) 같이 밥을 먹으니까 식구가 되었는데, 갈 수가 없었어요. 이런 상황에서 한 명이라도 빠지면 안 되겠다 생각했어요.[15]
그렇게 장기 결석생이 되고, 자퇴생이 되고, 밀양 대책

---

13 희정, 〈어진이 카메라를 들면 밀양이 웃는다〉, 《한겨레21》 1052호, 2015. 3.10.
14 정식 명칭은 밀양765kV송전탑반대대책위.
15 앞의 책.

위 활동가가 되었다는 이야기였다. 솔직히 말하자면, 그때는 물으면서도 그리 궁금하진 않았다. 많은 이들이 밀양에 왔고 머물렀다. 싸움이 크게 불거진 곳에는 언제나 타지에서 오는 사람들이 있기 마련이다. 그로부터 몇 년이 지나, 남어진에게 진짜 궁금한 것이 생겼다. 많은 이들이 떠난 곳에 왜 지금껏 남아 있는지. 그는 지금도 밀양에 산다.

궁금한 것이 당연하다고 생각했다. 싸우러 왔던 곳에 계속 머무는 사람은 없으니까. 그래서 사람들이 많이 물어보죠? 라고 말을 앞세웠다. 그런데 남어진은 이런 질문을 처음 받는다며 손을 내저었다. 왜 아무도 묻지 않았죠? 그가 추측하기론, 자신이 지금 밀양에 있는 것이 너무 자연스러워 주변 사람 누구도 묻지 않는 게 아닐까 했다.

"안 그래도 친구한테, 오늘 인터뷰하러 가는데 질문이 이거라고 했더니. 이 친구가 뭐라 그랬더라. 떠나고 싶은 마음이 있었으면 목공소를 밀양에 차리면 안 되는 거 아니냐. 수도권에 차렸으면 훨씬 돈을 많이 벌었을 텐데. 그러게요. 그런데 왜 안 떠났나? 밀양에서의 내 위치를 즐기는 것도 있다고 생각해요."

그는 몇 해 전 밀양에 목공소를 차려 목수로 살고 있다. 그런데 즐긴다니, 무엇을?

"내가 좋아하는 사람들한테 여기서 살고 활동하고 있다는 사실만으로 밀양 안에서건 밀양 밖 친구들에게서건 응원받고 인정받는 기분이 들기도 해서, 그런 점이 즐거워요. 또 여기서 못 나가는 사람들도 있고. 자주 보진 못하지만 어른들이 뭔가 필요하거나 하면 전화가 오는 편이거든요. 집에 전등이 나갔는데 갈 사람이 없다 하면 할머니 댁에 가서 등 갈아주고 밥 먹고. 그러니까 동네 반장 같은 느낌이죠. 그런 일들을 하는 게 나쁘지 않아요."

그가 말하는 '여기서 못 나가는 사람'이란 밀양 주민들이다. 이곳에 뿌리를 둔 사람들. 싸움 때문에 온 사람들이 싸움이 끝나면 떠나는 자리에 머물며 살아가는 사람들. 남어진은 그 사람들 전등을 고쳐주며 살아간다고 했다. 하지만 타인의 전등만을 위해 살아가는 사람이 있나. 즐겁다고 하지만 내가 아는 남어진은 '밀양을 떠나야 하는데' 같은 고민을 숨기지 않았다. '밀양을 떠나고 싶어요' 하다가도 '밀양에 감 따러 오세요'라고 사람을 불러 모은다.

송전탑을 인정하지 않는 일

그곳에서 무엇을 하고 있는 거지.

남어진이 궁금해진 것은 그 자신이 쓴 소개글을 본 후였다. "밀양 송전탑 반대 운동을 하고 있다." 이 한 줄짜리 소개가 의아했다. 밀양의 싸움은 끝나지 않았던가. 그는 정말로 여전히 반대 운동이 계속되고 있다고 믿는 걸까.

"사실 이렇게 말하면, 사람들이 그래도 한 번쯤 들어주지 않을까 하는 생각도 있던 것 같아요. 뭔가 막으려고 했던 게 들어서고 나면 사람들은 아주 쉽게 싸움이 끝났다고 생각하잖아요. 접었다거나 해결됐다고 생각하는 운동들이 있죠. 그런데 사실 싸움이 있던 곳의 사람들에겐 그게 이긴 싸움이건 진 싸움이건, 그 뒤의 과정들이 여전히 남아 있는 거잖아요. 반대 운동을 하고 있다는 말이, 우리의 싸움을 환기시킬 수 있지 않을까… 그런 생각을 가지고 하는 소리이거든요."

잊지 말라는 의미인가?

"잊지 말라는 의미라기보다, 싸웠고 송전탑은 세워졌지만, 여전히 그 공간 안에는 그 송전탑을 인정하지 않는 사람들이 있다는 이야기를 하고 싶은 거예요."

송전탑을 인정하지 않는 주민들이 있다. 100세대 정도 된다고 들었다. 100세대라고 하지만, 혼자 사는 노인들이 많아 백 명을 조금 웃도는 수다. 이미 세워진 송전탑을 인정하지 않는다는 건 겉으론 한국전력공사가 제시한 보상금을 받지 않는 행위로 드러난다. 그렇지만 개인에겐 아무도 들여봐주지 않는 마음을 매일매일 유지하는 일일 테다. 창문만 열면 보이는 송전탑 아래에서, 그 거대한 구조물을 인정하지 않는다고 버티는 일은 어떤 의미를 지닐까.

"사람마다 다른 것 같아요. 어떤 사람들은 송전탑 막을 때, 같이 해준 고마운 사람들이 많아서 그만 못 둔다. 이런 말씀들 하는데 저는 그게 이런 말 같거든요. 내가 여기서 뭔가 다른 선택을 하면 그 사람들에게 민망하고 부끄럽다. 윤여림 반장님 같은 경우는, 매일 송전탑을 쳐다보며 살아야 하는 게 화는 나지만 스스로 화를 다스리면서 내가 남은 생 동안 어떤 역할을 하면서 살까 고민을 하는 거 같아요. 그분들이 지난 10년간 했던 경험에 기반해서 자신의 역할이라고 선택할 수 있는 것들이, 집회에 가서 탈핵에 관한 발언을 한다던가 기자회견에 간다던가 그런 거니까. 그런 활동들이 남은 인생에 의미가 있다고 생각하시는 거 같아요."

윤여림 어르신은 1939년생이다. 남어진보다 3배쯤 더 산 사람. 그 연세에 기후정의 행진을 하기 위해 홀로 기차를 타고 서울까지 왔다는 이야기를 듣는다. 자신의 역할을 찾겠다는 마음으로 감수하는 일이 많다.

그리고 또 하나. 지고 싶지 않은 마음도 있다.

"마을 갈등이 심한 데에선 이걸 인정하면 그 반대편에서 나를 조롱해온 사람들에게 지는 게 되는 거니까. 그런 오기가 있는 분들도 있고."

하지만 이것이 내 이웃에게 지고 싶지 않다는 의미만은 아닐 터. '나의 마음은 지지 않았다.' 지금도 가끔 나의 마음이 지려고 할 때 밀양주민들이 들었던 피켓의 문장을 떠올린다.

취재를 위해 그렇게 깊숙한 산골로 간 건 밀양이 처음이었다. 산 중턱에서 본 풍경은 전투경찰들에게 둘러싸인 할머니들. 모두들 등을 둥글게 만 채 주저앉아 있었다. 경찰들을 향해 삿대질을 할 때도, 밀양 아리랑 노래를 부를 때도 모든 것이 바닥에 엉덩이를 붙인 채 이뤄졌다. 움켜쥐면 부서질 것 같은 두 다리로 가파른 산길을 올라 경찰들 방패 앞에 가서야 털썩 몸을 부려놓는다. 전파도 잘 터지지 않는 산 중턱에서 허약한 우리 편과 쇠 무기를 들고 있는 저들 편을 보는

데 막막하더라. 그런 시간이 한 시간이 되고, 반나절이 되고, 하루가 되고, 며칠이 지나고, 달을 넘기며 내가 배운 것은 이것이었다. 싸우면 싸워지는구나. '싸우면 승리한다' 같은 교훈이 아니었다. 어떻게든 싸우면 싸워지는구나.

나만 얻은 교훈이 아니었을 테다. 그러니 그때보다 더 굽은 다리로 꾹꾹 땅을 밟으며 와서 모인다.

"사실 송전탑 반대 대책위가 지금 무얼 하고 있는 건 아닌데. 그래도 송년회를 하고, 6.11 행정대집행 날에 맞춰 행사를 하면 주민분들이 나오는 게 신기하죠. 각자 마음도, 기억의 지분도 다를 건데. 그 마음들을 각자 지니고 사는 거죠, 자기 마을에서. 저는 그걸 소멸해가는 투쟁이라고 표현한 거 같아요."

어느 글에서 남어진은 이런 말을 했다.

이제는 스스로를 소개할 때 반대 운동을 하는 사람이 아니라, 운동 끝에 소멸하는 사람이라고 소개하는 게 더 정확하지 않을까.[16]

사라져 없어지다. 소멸의 사전적 의미를 부정하며 무슨 의미인지 묻는다.

"밀양 송전탑 반대 투쟁은 운이 좋게도 큰 관심을 받은

---

[16] 남어진, 〈날개 없이 추락하기〉, 《아젠다 2.0》, 2023. 참고로 《아젠다 2.0》은 인문학 네트워크 '길드다'에서 발간하는 뉴스레터다.

싸움이었고, 사람들이 호응을 해주고 많이 모이고. 지금 생각해보면 참 신기한 일이거든요. 그런 경험을 더는 할 수 없죠. 그런 걸 만들어낼 내부의 힘도 남아 있지 않고. 그때랑은 다르다고 생각하거든요. 그렇지만 여기는 이제 내가 사는 땅이라, 송전탑이 일하러 가도 보이고 잘 때도 보이고. 송전탑이 우리한테는 너무 많은 기억을 가진 물건이잖아요. 저도 보면 화도 나고 억울하기도 하고 그냥 못 본 척하고 싶을 때도 있고. 어른들도 그럴 텐데. 그거를 스스로 감당하며 사는 과정인 거죠. 싸웠고 결과가 나왔고, 그다음부터는 각자의 삶을 어쨌든 각자가 책임지며 살아야 되는데. 밀양도 그렇고 강정에 남아 있는 활동가[17]들도 그런 마음이 들 거라고 생각하거든요. 거기도 해군기지는 다 세워졌고, 눈앞에 계속 군함이 오가고. 그런데 그 사람들은 매일 108배를 하고. 하지만 사람들은 강정에서 누군가 싸우고 있다고 생각하지 않잖아요. 싸움이 끝났다고 생각하지. 그런데 그 자리에 무언가를 하고 매일매일 싸우고 있는 거잖아요. 저는 그런 것들을 소멸하는 싸움이라고 생각해요. 싸움이 소멸되어가는 와중에 사람들은 매일매일 마음을 다스리면서 살아가는 거죠."

17   2007년 제주 서귀포시 강정마을에 해군기지 건설 계획이 발표되면서 갈등이 시작된다. 1조 300억 원을 투입해 45만 제곱미터의 기지를 건설하는 계획이었다. 주민들과 이 싸움에 연대를 하는 이들(지킴이)의 반대 투쟁에도 불구하고, 해군기지는 2016년 2월에 완공됐다. 주민과 지킴이들은 지금도 평화운동을 이어가고 있다. 매일 아침 해군기지 정문에서 108배를 올리고 인간 띠 잇기를 한다.

소멸해가는 무언가를 지키며 매일 싸우는 일. 또는 소멸되어가는 싸움에서 무언가를 지키기 위해 싸우는 일. 밖에서 보면, 그저 살아가는 일로 비칠 테다.

왜 이곳에 남았나요? 남어진은 모르겠다고 했다.

"그러게요…. 그만두는 걸 못 해서? 내가 뭐 때문에 이러고 있는지 잘 모르겠어요."

9년 전에 쓴 인터뷰 글을 두고 그는 이렇게 말했다. "남어진을 원래 알던 사람들은 아무도 읽어보지 않지만, 남어진을 모르는 사람들은 그걸 읽고 오더라고요." 이 말을 듣고 깔깔거렸는데, '왜 남아 있는가?' 하는 질문도 그와 비슷하다는 생각이 들었다. 남어진이 '왜 밀양을 떠나지 않는지?' 이런 질문을 받아본 적 없는 건, 그의 주변 사람들은 이미 '그를 알듯' 그 답을 알기 때문이 아닐까. 남어진을 잘 모르는 나 같은 사람이 와서 새롭다는 듯 묻는다. 마을 주민들도 살던 대로 살고, 살아갈 수 있는 만큼 살아간다.

기다리는 일

"신기한 건, 2017년 즈음에 한창 마을 공동체 파괴가 되었다고 보고서[18]도 내고 국회도 엄청 왔다 갔다 하고 그랬잖

---

18 밀양765kV송전탑반대대책위원회,《밀양송전탑 마을공동체 파괴 진상조사 보고서》, 2017.3.15.

아요. 그런데 마을에 사는 사람들의 슬기로움을 느끼거든요. 도시처럼 서로가 연이 없는 그런 동네가 아니라, 뭔가 사람들끼리 일을 해야 하고 같이 놀아야 하는 시골에서 사는 사람들이 그 갈등을 풀어내는 과정이 지혜롭다 느낄 때가 많거든요. 서로 조금씩 뭔가를 회복해보려는 시도들이 있어요. 일 있으면 내일 온나. 밥 먹으러 간다면 같이 가자. 뭐 이런 거죠. 밉지만 용서하겠다. 그러니 같이 뭐라도 해보자. 그러면서 자기의 분노가 어쨌든 조금씩 사그라드는 거죠. 이건 슬기로움이랑 어쩔 수 없음이랑 반반인 것도 같은데. 오래된 공동체 속에서 살아온 사람들의 생존 방식이죠."

도시를 전전하며 자라온 나조차 이들이 어떤 모습으로 이웃을 대했을지 그려진다. "똥을 곁에 두고 밥을 먹을 순 있어도, 사람을 곁에 두고 어케 밥을 먹겠냐." 한 다큐멘터리 영화[19]에서 밀양 도곡마을 김말해 할머니가 한 말. 그리 말하고 자신들과 대치 중인 전경들에게 밥을 먹였다.

김영옥 연구자는 밀양 '할매'들의 투쟁에 대해 이렇게 말했다.

"산을 오르내리며 투쟁하는 사이사이 밭을 갈고 수확해 밥상을 차렸다. 사람들이 모이면 즉석에서 부추전과 호박전을 부쳤다. 전방위적인 생활기술의 달인인 이들 곁에선 일상과 투쟁의 공존을 배우고 훈련하는 게 당연하고 쉬웠다."[20]

---

19 〈말해의 사계절〉, 허철녕 감독, 2017.
20 김영옥, 〈노년이 되면 그야말로 원대한 꿈이 가능하다〉, 《한겨레21》

투쟁과 일상의 공존을 아는 이들이라 화해와 일상의 공존도 안다. 나는 그런 삶을 살아오지 않은 터라 순순히 자수한다.

"밀양에 취재차 한두 달을 머문다고 해서 그 지혜로움이 눈에 들어올 것 같지 않아요. 인터뷰한다고 얻어질 수 있는 깨달음도 아니고. 내가 살면서 습득하지 못한 이들의 방식을 말이죠."

그가 끄덕인다.

"한 달 있으면 지역 사람들은 참 부지런하고 일을 새벽부터 하고 그런다, 그런 거만 보일 걸요."

그러니까 말이다. 모르는 이야기를 좇는다. 2017년에 내가 썼던 마을 공동체의 파괴를 다룬, 이 수박 겉핥기 같은 글이 무슨 의미가 있을지 의심이 들기 시작한다. 내 불안을 잠재우려 묻는다. 의미가 있을까요?

"있죠. 일단 첫째로 밀양에는 아직도 그 문제로 괴로워하는 사람들이 많고. 둘째로는 다른 동네에도 한전이 똑같이 들어오거든요. 송전탑 신규 선로를 까는데, 밀양과 똑같은 방식을 취하지만 보상금액이 많아졌어요, 매우. 돈을 더 쓰는 거죠. 계산기를 두드려 봤겠죠. 갈등 관리를 하는 게 싼가, 돈으로 해결하는 게 더 싼가. 이게 송전설비만의 문제가 아니라 핵발전소도 그렇고 에너지 관련 사업들에서 전반적으로 발생하는 문제 같아요. 돈을 받고 나면 문제는 수면 위

1372호, 2021.7.17.

로 올라오지 않아요. 보상받았으니까 어쩔 수 없지, 이렇게 된단 말이에요. 저는 '부순다'고 표현해요. 돈을 투입해 마을을 부수는 건 역사도 오래되고 고약한 방식이라, 이거에 대한 문제 제기는 항상 있어야 한다고 생각해요."[21]

시도 때도 없이 누군가 해야 한다고 말한다. 모든 것이 반복되고 있는데, 하나의 공간에서 벌어진 투쟁의 시작과 끝을 논한다는 것은 어쩌면 한가한 소리가 아닐까. 남어진이 표현한 '소멸되어가는 싸움'이란 말은, 한가하게 시작과 끝을 정하는 사람들에게 던지는 자조가 아니었을까. 그러다 생각한다. 이 또한 고집인가. 이미 세워진 송전탑을 보며 부리는 나의 오기 같은 건 아닐까.

분명 사라지고 있다. 인터뷰 자리에 밀양 싸움이 한창일 때 주민들의 구술을 기록한 《밀양을 살다》[22]를 가져갔는데, 그는 책 표지에 담긴 주민들의 얼굴을 보더니 말했다. "진짜이땐 젊으셨다." 그리고 한 명 한 명 손으로 짚는다. 김말해 할머니, 사라 할머니… 세상을 떠난 분들이다. 열다섯 얼굴에서 넷을 짚는다. 사라지고 있다. 이 싸움이 소멸하고 있음을 인정해야 하지 않을까. 다만 소멸해가는 싸움에도 필요한 것이 있다.

---

21 한전은 2025년 완공을 목표로 동해안과 수도권을 잇는 500kV 초고압 송전탑 433기를 설치 중이다. 78기와 송전탑이 세워질 평창군의 경우, 주민 반대가 거세다. 밀양에서의 일이 반복되고 있다.
22 밀양구술프로젝트, 《밀양을 살다》, 오월의 봄, 2014.

"소멸해가는 싸움에도 연대는 필요하다."[23]

남어진은 그것을 연대라 말했고, 나는 응답이라고 생각했던 것 같다.

밀양 송전탑 반대 투쟁을 비롯해 숱한 외침을 들으며, 십수 년간 한국 사회가 깨달은 것은 '그런 곳이 있다'는 사실이었다. 전체라는 허상을 위해 희생을 치르는 공간이 존재한다. 이미 존재하는 곳을 보기 위해 많은 시간을 들였다. 소리를 내고 외쳤기에 그들은 존재를 드러냈고, 메아리 같은 응답을 받기도 했다. 그 외침이 멈춰야 싸움이 끝나는 것이 아니다. 응답이 더는 오지 않을 때 싸움은 끝이 난다. 응답은 기다리는 일이다.

그래서일까. 이곳에 남는 선택이 어떤 오기 같은 감정을 동반하기도 하냐고 물었을 때, 남어진은 뜬금없이 함께했던 사람들이 자신을 보러 오길 기다린다는 말을 했다. 그가 감따러 밀양에 오라는 말을 하는 이유이기도 했다. 기다림에도 오기가 필요하다.

밀양의 기억은 현재 온라인 기록관[24]에 고여 있다.

"기록관 작업을 6개월간 했으니까. 옛날에 싸울 때 같이 했던 모든 사람들한테 전화해서 도와달라고 하고, 지금은 전국 도처에 있는 활동가 친구들에게 같이 만드는 작업을 하자

---

23 남어진, 〈날개 없이 추락하기〉, 《아젠다2.0》, 2023.
24 〈밀양·청도 송전탑 반대 투쟁 온라인 기록관〉, 2021년 12월 27일 개관. http://my765kvout.org/

고 하고. 그렇게 작업을 하면서, 각각의 이유로 밀양을 더는 찾지 않거나 잊고 있었던 사람들을 예의 있고 명분 있게 소환해서 기억을 정리하는 작업을 했던 것 같아요."

남어진은 자신의 방식대로 소멸해가는 투쟁에 연대를 연결하고 있다. 나는 나의 방식대로 이 싸움이 끝난 것인지 묻는다. 응답하기 위해서.

2.
평화란 "아침까지 푹 잘 수 있는 것"[25]

미공군 폭격장 반환 이후, 매향리를 가다

숨구멍도 내지 않고 침묵하는 갯벌이 있다. 검은 진흙 너머로 찰랑거리는 바다가, 저 멀리에는 굴뚝을 내놓은 공장 건물이 보인다. 그 바닷길을 따라 이동하면 매향리에 도착한다.

매향리. 해변가 둔덕에 무리 지어 핀 매화 향을 바닷바람이 마을까지 가지고 온다 해서 붙은 이름이다. 바다와 마을 사이에 잿빛 갯벌이 펼쳐져 있다. 단조롭고 평화롭다. 그러나 이곳에선 평화라는 말을 쉽게 써선 안 된다. 평화를 얻기까지 무겁게 지켜낸 세월이 있다.

매화 향기 대신 화약 냄새

섬으로 길이 났다. 하루 중 특정 시간이 되면, 바닷물이 빠지면서 수면보다 다소 높은 지형이 드러나 길이 된다고 했

---

25 희정, 〈갯벌을 인터뷰하다〉, 《시와희곡》 3호, 2019.

다. 멀리서 보았을 때 바다에 하얗고 얇은 선이 그어졌다고 생각했던 것이 사람이 오가는 길목이었다. 그 길 끝에 자리 잡은 섬의 이름은 농섬. 주민들은 이 길을 따라 갯벌로 가서 조개를 캐고 굴을 키운다.

오가는 데 한 시간 남짓 걸린다고 했다. 길 따라 몇 걸음 가지 않아, 한쪽에 쌓인 초록색 망사 포대가 눈에 들어온다. 구멍 뚫린 망 안에 든 것은 잿빛 굴 무더기. 포대 사이를 부산히 움직이는 사람이 있다. 잔 꽃무늬 몸뻬바지에 장화까지, 한눈에 보아도 갯일차림이다. 몸을 기역 자로 굽힌 채 포대 입구를 여닫는 손놀림이 재바르다. 몸을 움직여 일정한 벌이를 하는 사람들이 보여주는 자부심은 반복된 작은 동작에 숨어 있다. 지켜보는 즐거움이 있다. 하지만 그이가 한참이나 허리를 펴지 않아 그 감정은 어느새 걱정으로 바뀐다. 제 몸을 고장 내 일하는 것이 익숙한 사람들.

짐칸을 단 사륜 오토바이가 내 옆을 느리게 스쳐 가더니 굴 포대 앞에 선다. 사륜차에서 내린 남자는 몸뻬바지 여자와 함께 포대 양끝을 잡아들고 올려 짐칸으로 던져 넣는다. 몇 번 반복하지 않았는데도 작은 짐칸이 가득 찬다. 두 사람을 태운 사륜차가 온 길을 돌아간다.

갯벌은 노동하는 곳에 가깝지 않느냐고 한 어떤 이의 말이 떠오른다. 갯벌에 삽을 박아 낙지 몸통을 잡아채고, 갈퀴로 긁어 조개를 캐낸다. 숨구멍만 보이면 펄을 파헤친다. 갯벌만 그럴까. 바다가 다 그렇다. 땅은 아닌가. 어디든 노동이 있다. 그곳에 생존도 있다. 발아래 뒹구는 굴 껍데기도 노동의 흔적이다. 검은 진흙에 갈퀴를 박아 넣으며 살아왔다. 그 길이 끊긴다는 건 먹고사는 일이 가로막히는 게였다. 어느 날, 길 끝에서 붉은 화염과 허연 연기가 피어올랐다. 수십년이 지나도록 섬에 떨어지는 포탄 소리가 멈추지 않았다. 농섬은 멀찍이서 보아도 부서지고 깎여 뭉툭하다. 숲이 푸르게 우겨져 짙을 농(濃)자를 붙였다는 섬 이름이 무색하다. 그래도 간간이 푸릇푸릇한데, 20년 전만 해도 나무 한 그루 찾아볼 수 없었다고 했다.

농섬 앞바다에 자리한 매향리는 경기도 서남해변에 인접한 작은 어촌 마을이었다. 지도상의 이름은 고온리다. 이곳 사람들은 농사를 짓고 앞바다에서 삼치, 준치, 낙지 등을 잡아 생활했다. 인근에 여러 섬이 있어, 조수간만의 차로 바닷물이 빠지면 사람들은 섬을 향해 난 길을 걸으며 굴과 조개를 캤다.

향이 머물던 마을에 포탄 탄내만 감돌게 된 것은 한국전쟁 시절. 1951년 한국전쟁으로 국내에 들어와 있던 미군이 이 섬들을 표적 삼아 폭격 훈련을 시작한다. 농섬을 비롯해 인근 섬들은 폭격 훈련 목표물이 됐다. 3년 후에는 공식적으로 미군의 군사훈련 사격장(폭격장)이 설치됐다. 사격장은 태평양 미공군사령부 (주둔 제7공군) 소속이 됐다. 미군은 매향리의 행정지명인 고온리의 영어식 표기인 ko-on ni를 오기하여 kooni(쿠니)라 불렀다. 쿠니 사격장이 들어선 이래, 마을에는 향이 머물 새가 없었다. 해안 둔덕에 심은 매

화나무 군락마저 불에 타 사라졌다.[26]

"포탄이 하루 몇 개 떨어지는지 아세요? 적게는 400개 많게는 700개. 진짜 실탄이 떨어졌으면 몇 번 만에 섬이 다 폭발했을 텐데. 훈련용이라 그나마 남아 있는 거예요. 옆에 섬 하나를 완전히 없애고, 2000년에 폭격이 멈춰 농섬은 살아남은 거예요."

마을 주민이 들려준 이야기. 전투기와 공격용 헬기가 매향리 인근을 저공 비행하다 인근 섬들(농섬, 웃섬, 구비섬 등)을 목표물로 삼아 폭격을 가한다. 폭격장의 면적은 700만 평. 평일이면 아침부터 밤늦도록 총성과 포탄 떨어지는 굉음이 이어졌다.

안개 낀 날이 없이 청정한 날씨가 매향리를 포격 연습장에 적합한 장소로 만들었다. 그 맑은 날 덕분에 갯일도 고기잡이도 하기 좋던 고향이었다. 수십 년 넘게 지속된 폭격은 섬을 사라지게 했다. 웃섬은 흔적만 남고, 농섬은 원래 모습을 잃고 낮은 둔덕이 되었다. 구비섬은 사라졌다. 거북이 생김새와 닮았다 하여 구비라 이름 붙인 섬은 그 모양을 확인할 길이 없다. 바닷물이 얕아진 날에만 흔적을 보인다고 했다.[27]

26 1960년대 기총사격장 부지 마련을 위해 매화 둔덕이 제거되었다고도 한다.
27 매향리 앞바다에는 구비섬, 웃섬, 농섬 등이 있었으나, 구비섬은 폭격으로 자취를 감추고 웃섬은 현재 형체만 남아 있다. 농섬(외농도)은 20여 년간의 폭격 훈련으로 인해 울창했던 숲이 사라지고 3,000평 남짓한 크

농섬이 훈련 장소로 선택된 다른 이유도 있었다. 사람이 사는 마을과 인접하기에 실전에 가까운 훈련을 할 수 있다는 이점이 있다고 했다. 실전을 겪어낸 마을은 지옥이 됐다. 아니다. 당시에는 지옥인지도 몰랐다. 먹고사는 일이 지옥문에 들어서는 것보다 더 끔찍한 시절이었다. 지금은 머리가 하얀 노인이 되어버린 이곳 사람들은 그 시절 탄피를 주워내다 팔았다. 가난 앞에서 탄피도 고철일 뿐이었다. 미군 폭격 훈련이 끝나면 포탄 잔해와 탄피를 줍기 위해 주민들이 농섬 가는 길을 내달렸다는 말도 있다. 달리 먹고 살길이 없었다. 갯벌을 잃고, 농지와 임야는 '국가 안보'를 위해 징발됐다.[28] 그 규모가 38만 평이 넘었다. 징발된 땅에는 'USA'란 이름이 붙었다.

54년 간의 총성

마을의 곤궁은 사고를 재촉했다. 불발탄이 뒤늦게 터져 사고로 이어지는 일이 잦았다. 쿠니 사격장 첫 (공식적) 민간 희생자는 주민 전○록이다. 1952년 산에 땔감을 구하러 갔다가 마을에 오폭 투하된 폭탄에 맞아 사망했다. 같은 해 이

기에서 1,000평으로 축소된다.
28 주한미군지위협정(SOFA)이 체결된 직후인 1968년에 한국정부가 사유지인 매향리 토지 38만 평을 강제 수용하여 미군에게 무상으로 공여했다. 매향리 육상사격장의 규모는 54만 평이다.

○우, 이○복 부자가 고기잡이를 하러 나갔다가 오폭에 손목이 잘려 돌아왔다. 그런 사고는 흔했다. 1967년, 이○자 씨가 포탄에 맞아 사지가 찢긴 시신으로 발견되었다. 당시 임신 8개월의 만삭의 몸이었다. 마을 사람들의 분노가 야금야금 커졌다. 처음에는 관공서에 민원을 넣는 방식으로 마을의 피해를 알렸다. 하지만 한미군사협정을 맺어 한국 땅에 들어온 주한미군 문제를 정부가 앞장서 들어줄 리 없었다. 이 문제를 해결할 재량권 자체가 없었다. 매향리는 방치된 채 사람들의 분노만 쌓였다.

"한마디로 폭격 소음은 인간의 정신을 황폐하게 만드는, 보이지 않는 흉기인 것입니다. (…) 오죽하면 제가 사는 매향1리 170여 가구에서 60년대 이후 서른두 명이 자살을 하고, 최근엔 70세가 넘은 노인들끼리 장기를 두다가 식칼로 목을 찌르고(…)"[29]

1년에 250여 일 지속되는 소음에 마을 사람들은 피폐해졌다. 1960년대 이후 마을에서 32명이 스스로 목숨을 끊었다. 인근 석천리, 이화리까지 합쳐도 마을 주민 2,500명도 되지 않는 동네였다. 갓난아기는 귀를 솜으로 막아 키웠다. 난청이 생기고 목소리가 커지고 화를 내듯 소리를 내지르는 일이 일상이었다.

그래도 거센 항의를 할 수 없었다. "빨갱이로 몰려 집안이 패가망신할까 봐." "쥐도 새도 모르게 잡혀가 개죽음을

---

29 전만규, 〈법정진술문〉, 2000.6.

당할까 봐." 1960년대에 우방국이라는 미국에 반기를 드는 것은 '빨갱이짓'이었다. 겁박만 있던 것은 아니다. 지역 유지들은 정기적으로 미공군과 한국군이 주최하는 행사에 초대받았으며, 여러 명목으로 활동비를 지급받아왔다. 이들이 마을로 돌아가 각종 모임과 계를 통해 불만과 분노를 잠재웠다. 젊은 사람들은 마을을 떠나는 것을 선택했다. 평생 살아온 마을을 떠날 수 없는 이가 더 많은 것은 당연했다.

그러던 어느 날 매향리 어촌계장 전만규는 신문에 난 짤막한 기사 하나를 본다. 부천시 주민들이 김포공항 소음공해에 항의해 이주를 요구하며 농성을 했다는 기사[30]였다. 당장 전만규는 부천을 찾아갔다. 주민들이 힘을 합치면 공항도 옮기고, 피해 보상도 받을 수 있다고 믿는 사람들을 만나고 온 것이다. 시대적 분위기도 한몫했다. 1987년 항쟁으로 민주화 운동 바람이 불고 있었다. 마을로 돌아온 전만규는 청년회와 이 문제를 상의했다.

1988년 6월 14일, 매향1리 청년회는 마을에 〈주민들에게 드리는 글(제1호)〉를 배포한다. 이어 피해 가구 613세대가 연명한 진정서를 청와대와 국방부에 제출한다. 공식적 문제제기가 있자, 미군은 매향리에 2주간 소음측정 조사를 실시한다. 소음도가 민간 항공기구 규제치를 훨씬 앞지르는 90~110db라는 조사 결과가 나왔다. 이 정도면 주거 불능, 사

---

30 〈金浦(김포)공항주변 1千百(천백)여 가구 소음심해 居住(거주)불능〉, 《동아일보》, 1988.4.8.

람이 살 수 없는 지역이었다. 이에 한국 국방부는 "주민들의 고통을 잘 알고 있다"고 했다. '다만'이 붙을 뿐이었다.

"간담회 때 김재창 합참[31] 작전국장이 했던 말이 있습니다. '(…) 다만, 우리가 북괴와 대치하고 있는 상황에서 산모가 분만하기 위하여 산고가 있다든지 결혼을 하기 위해 손님을 불러놓고 잔치를 할 때는 현지의 미군 부대에 협조를 구해서 사격을 잠시 멈출 수 있도록 양해를 구하면 어떨까 합니다. (…) 국방부에서는 주민들이 요구하는 근본적인 해결 대책을 마련하기 위해 사격장 이전 등 최선의 노력을 다할 것입니다. 그러나 주민들이 당장에 사격장을 옮기자고 한다던가 피해 보상 등을 요구하며 시위 농성을 계속할 때는 기지 내 농경지 출입을 일체 금지함과 동시에 모든 법적 조치를 취할 것임을 각오해야 할 것입니다.'"[32]

주한미군 측 역시 마찬가지였다. 매향리 폭격장 이전도, 폐쇄도 고려하지 않았다. 보상도 사과도 없었다. 이에 전만규를 위원장으로 하여 〈합동소음대책위원회〉가 결성된다. 1988년 12월 12일, 마을 주민들은 폭격 훈련장으로 향했다. 직접행동에 돌입한 것이다. 1989년 3월에는 팀스트리트 훈련 기간에 주민 7백여 명이 기지 내로 진입하여 폭격 목표물을 몸으로 막기까지 한다. 국내 최초로 민간인이 미군기지를 점거한 사건이었다. 파출소에만 불러가도 벌벌 떨던 시절

31 합동참모본부.
32 전만규, 〈법정진술문〉, 2000.6.

에 성역시 되던 미군기지 철책을 넘을 정도로 쌓여온 울분이 컸다. 점거 행동은 이후 몇 차례나 계속됐다. 한국 정부의 답은 대표자 구속이었다. 이로 인해 전만규도 8개월간 구속 생활을 하게 된다. 미군은 군사시설 부지 안 농토를 볼모로 해 주민들을 겁박하고, 한국 정부는 공권력 개입을 멈추지 않았다. 한 번은 마을 남성들 대부분이 연행되기까지 한다. 연행과 구속을 반복하면서도 싸움은 질기게 이어졌다.

그렇게 매향리 주민들의 고통이 알려지기 시작한다. 인도주의실천의사협의회, 공해추방운동연합 등 단체가 마을을 찾았다. 주민들은 처음엔 이들의 연대를 반가워하지 않았다. 외부세력이 들어와 자신들의 요구가 순수하지 않다고 의심받을 것을 걱정했다. 하지만 법과 권력, 모든 것을 쥐고 있는 정부와 주한미군에 맞선 싸움에서 더는 고립될 수 없었다. 합동소음대책위원회는 연대 단위들과 함께 〈매향리 미군 사격장 소음공해 대책위원회〉로 명칭을 바꾸었다.

그러던 중 매향리 투쟁은 새로운 국면을 맞게 되는데, 2000년 5월 훈련 중 전투기가 엔진 고장으로 인해 포탄 6발을 마을에 떨어트리는 사고가 벌어졌다. 주민 6명이 다치고 살림집 700여 채가 파손됐다. 이 오폭 사고로 인해 매향리 폭격장 문제가 전국에 알려진다. SOFA 개정 문제로 주한미군 주둔에 대한 문제의식이 뜨겁게 달아오르던 시점이었다. '범국민대책위원회'까지 만들어지자 미군은 폭격을 잠정적으로 중단하고 한미합동조사를 실시하는 듯했다. 그러나 결과가 나오기도 전인 그해 6월, 다시 폭격 훈련을 재개한다. 이에 맞서 범국민대회가 열렸다. 이때 전만규 위원장은 미군이 폭격을 재개한다는 의미로 내건 황색 깃발을 찢었고, 그로 인해 군사시설보호법 위반으로 다시금 구속된다.

세 차례나 이어진 범국민대회에는 주민들뿐 아니라 민주노총, 전국빈민연합, 한총련 학생들까지 대거 가세하여 규모가 커진다. '매향리 미군 국제폭격장 폐쇄를 위한 범국민대책위원회'가 발족하고, 문정현 신부를 비롯해 종교계 인사들도 매향리를 찾았다. 그 결과, 2000년 7월 4일 폭격 훈련이 중단된다. 폭격장 폐쇄를 위해 국방부와 주한미군은 협상에 들어가고 2005년 8월 쿠니사격장은 폐쇄된다.[33] 54년만의 일이다.

평화를 알게 되다

어느 날 폭격이 멈췄다.

"상상이 되세요? 어제까지만 해도 소음이 굉장했는데 갑자기 조용해진 거. 주민들이 평화가 어떤 건지 뭔지 모르고 살다가, 그 순간 알게 된 거죠."

33　〈주한미군 10개 특정임무 전환에 관한 합의 각서〉에 의해 2005년 8월 31일, 쿠니 사격장은 미공군에서 대한민국 국방부로 관리권 전환이 이루어졌다. 전환이 있기 전인 2004년에는 대법원이 매향리 주민들이 제기한 미공군 소음피해 손해배상 청구 소송에서 주민들의 피해를 인정하고 원고 2천여 명에게 100억원대 금액을 배상하라는 판결을 내렸다. 이는 미군기지 관련한 국가의 손해배상 책임을 인정한 첫 판결이었다.

평화를 알게 됐다는 이를 만난 곳은 매향교회였다. 그는 마을 주민인데, 지금은 갤러리가 된 교회에 상주하며 이곳 역사와 의미를 안내하는 역할을 맡고 있다. 매향교회는 1968년에 사격장에 주둔하는 장교들과 주민들이 함께 지었다. 군대는 주민들 생활 깊숙이 들어왔다. 미군들이 숙소로 사용한 건물도 마을에 남아 있다고 했다. 그곳도 한 번 보고 가라고 권한다.

교회 내부는 천장이 꽤 높아 어딘가 독특해 보이는 구조로, 영상막이 사방에 걸렸다. 2016년 보수공사를 거쳐 지금은 스튜디오(갤러리)[34]로 사용한다고 했다. 철마다 다른 작품이 전시된다. 이번에는 영상 전시를 한다고 하여 자연스레 관람객이 됐다.

그는 종이비행기를 손에 든 아이의 모습에서 멈춘 영상을 다시 재생시킨다.

"매향리에서 태어나고 자란 아이들이에요."

매향리를 보러 와서 종이비행기를 만난다. 하얀 종이비행기를 손에 쥔 채 뛰어다니는 어린이들. 카메라를 쫓고 있다. 한껏 무서운 표정을 짓지만 볼살이 말랑하다. 어디서 구했는지 군복 차림이다.

"폭격의 피해를 전혀 입지 않은 '최최 신세대'죠."

매향리 미군 사격·폭격 훈련장이 폐쇄된 지 15년. 화면

---

34 경기만 에코뮤지엄 '매향리 스튜디오'. 2017년 개관했으나 2020년 폐관했다.

속 어린이들은 열 살이나 됐을까. 군복 소매 끝을 접어 입은 아이가 피하듯 흔들리는 카메라를 쫓는다. 이들에겐 놀이겠지만 손에 든 비행기가 마치 농섬에 포탄을 투하하던 폭격기처럼 보인다. 카메라 렌즈에 명중시키겠다는 듯 종이 비행기는 집요하다. 실제 폭격음을 사용했다는 음향이 깔린다.

　작품 이름은 〈농섬 그리고 유희〉[35]. 작가는 아이들 장난 같은 유희를 '제의'라 했다. 폭격의 폭력을 겪지 않은 아이들이 폭격기를 대속해 흉내냄으로 농섬에 쌓인 응어리를 풀어낸다는 의식이다.

　"평화를 지켜야겠구나. 이 아이들도 잘 아는 거예요. 어른들에게 말을 들어서가 아니라, 이곳에 살았던 할아버지, 할머니, 부모의 DNA가 스며든 거죠."

　유전자까진 너무 앞서간 이야기다 싶지만, 평화가 무언지 모르고 살다가 하루아침에 알게 된 부모 세대와 날 때부터 평화를 안다는 자녀 세대가 있다. 주민들은 국가가 보낸 백골단 부대에 낫과 호미를 들고 맞섰다. 전투경찰에게 뺏은 방패가 평화역사관에 버젓이 전시되어 있다. 견학 온 초등학생들이 경찰 방패를 보면 그렇게 좋아한다고 했다. 매향리 어린이들이건 견학 온 초등학생이건, 이곳에 경찰 방패가 걸리기까지 무슨 일이 있었는지 기억하는 동시에 모르길 바란다.

　매향리 평화역사관은 교회 바로 건너편에 자리했다. 전

35　김해민, 〈농섬 그리고 유희〉, 2019.

만규가 지키는 공간이다. 역사관 마당에는 커다란 포탄이 주렁주렁 걸려 있다. 사격장이 폐쇄되고, 농섬과 해변가에 널린 포탄 탄피를 가져와 예술 작품으로 변화시켰다.

수십 년 전에는 포탄 잔재를 주워 내다 팔았다. 탄피만 주웠나. 폭격 속도를 낮추기 위해 사용된 낙하산 천은 곡식 자루가 되고, 모기장이 됐다. 처절하게 가난한 시절에는 옷감이 귀해 낙하산 천을 염색해 옷을 만들어 입었단다. 탄피 껍데기는 얇게 펴 '다라이(대야)'를 만들고, 포탄은 등잔 받침으로 쓰고, 군인 철모는 두레박으로 사용했다. 입에 풀칠이란 무서운 말이다. 풀칠은 입을 다물게 한다. 풀로 붙은 듯 막힌 입에서 목소리가 터져나오자 그때부터 무언가 달라졌다.

"왜 우리가 이 지긋지긋한 소음 공해 속에서 고통스럽게 살아야 합니까?"[36]

권리를 요구하니 돌아온 것은 군홧발이었지만, 버텨내니 얻은 것은 평화였다. 훈련장은 알다시피 사라졌다.

"평화가 오니까 뭐가 따라온 줄 아세요?"

매향리 스튜디오에서 만난 주민은 자답을 한다. 새가 날아온다.

"멸종위기종인 검은머리물떼새[37]가 와서 산란을 하고

---

36 〈주민들에게 드리는 글〉, 1988.
37 천연기념물 제326호. 이외에도 흰뺨검둥오리, 괭이갈매기 등이 농섬에 산란을 한 것으로 관찰된다.

새끼를 키우고 가요. 철새예요. 주둥이에 당근을 물고 있는 것처럼 예뻐요. 이런 걸 보면, 아! 평화다. 평화는 어떤 것이다,가 아닌 느낌이잖아요."

주민들 몸과 기억에 남은 지난날의 흔적을 알아챌 리 없는 외지인 눈에 매향리는 고요하다. 바다는 잔잔하고 갯벌은 소리가 없다. 평화롭다. 마을 주민들이 일군 평화 앞에서 묻는다. 평화란 무엇인가?

매향리의 시간에는 군사훈련만 있었던 게 아니다. 갯벌을 오염시킨 것은 포탄 잔해만이 아니었다. 1974년 남양방조제가 완공된 이후 꾸준히 갯벌은 간척의 대상이었다. 1990년대 초 기아자동차가 이곳에 180여만 평 공장부지(화성 공장)를 세우겠다고 했을 때, 화성시는 들썩이고 바닷가에 자리한 작은 마을들도 덩달아 어깨를 움찔거렸다. 갯벌이 있던 곳은 항이 되었다. 항구에 물류를 나를 배가 드나든다. 갯벌은 사라졌다. 매향리 고온항은 그나마 낚시배가 오가는 정도라 했다. 포격 훈련은 20년 전에 멈췄으나, 포탄 잔재가 제거되어 어업과 양식업이 온전히 허가된 지는 몇 해 되지 않는다.

화성시가 매향리 갯벌을 습지보호지역으로 지정했다는 이야기를 들었다.[38] 동시에 매향리 인근이 수원 군공항 이전

---

38 매향리 갯벌에 서식하는 바닷새가 민물도요새와 큰뒷부리도요 등을 포함해 최대 3만 2천여 마리가 관찰돼 2018년 국제철새보호기구(EAAFP)에 등재된 바 있다.

예정지 후보로 올랐다는 소식도 듣는다.[39] 공존할 수 없을 것 같은 이야기에 당근 문 것 같은 주둥이가 예쁘다는 새를 떠올린다. 한쪽에서는 포탄이 갯벌을 어지럽히고 다른 한쪽에서는 포크레인이 간척 사업이라며 갯벌을 파냈다. 국가 안보와 경제 발전이라는 두 축은 절대 선과 같다고 여겨졌기에, 그 앞에서 평범히 먹고사는 사람들의 권리 같은 것은 내세울 자격이 없었다. 이런 일은 폭격장이 설치된 60여 년 전부터 지금껏 형태만 달리할 뿐 반복된다. 간신히 군사 훈련지를 떠나보낸 주민들에게 다시 군공항을 바라보며 사는 삶을 요구한다. 어떤 부끄러움 없이.

평화는 포탄이 멈춘 날, 갑자기 만들어진 완성작이 아니다. 그때로부터 돌탑을 쌓아 올리듯 지켜내야 하는 일이다. 평화를 위협하는 일이란, 시대에 따라 이름만 바꾸어 등장한다. 그로부터 삶을 지켜내는 건 사는 동안의 과제이다. 바람이 부는 날에도 누군가는 부둣가를 정비하고, 비가 오는 날에도 누군가는 장사 준비를 한다. 미군 폭격장이 설치된 마을에 사람이 살았듯이 어디서든 사람이 산다. 새마저 알을 낳고 살아간다. 모든 생명이 기억하고 살아낸다. 평화란 살아가는 일이다.

---

39 국방부가 2017년 2월 수원 군공항 예비이전 후보지로 화성시 화웅지구를 선정하면서 갈등이 시작됐다. 화성시는 군공항 이전 부지에 순천만과 같은 습지보호구역 지정을 추진하는 등 군공항 이전에 반대하고 있다. 화성시가 진행한 시민 여론조사 결과에 따르면, 화성시민 71퍼센트가 군공항 이전을 반대한다.

평화란, "아침까지 푹 잘 수 있는 것". 동화작가 하마다 케이코는 어린이의 입을 빌려 평화를 말했다. "폭탄 따위는 떨어뜨리지 않는 것" "집과 마을을 파괴하지 않는 것" 그리고 "잘못을 저질렀다면 잘못했다고 사과하는 것". 평화란 "내가 태어나길 잘했다고 하는 것."[40] 땅이 평화롭기를, 삶이 고요하기를.

---

40 하마다 게이코 글·그림, 박종진 옮김, 《평화란 어떤 걸까》, 사계절, 2011.

2023년
전만규와의 대화

매향리 평화역사관에서

다시 매향리를 찾았을 때, 매향교회를 가보고 싶었다. 하지만 문은 닫혀 있고, 외벽을 꾸민 알록달록한 색판도 떨어져 나가 칠 벗겨진 벽면을 드러냈다. 이제 운영하지 않는다고 했다. 경기만 에코뮤지엄 사업으로 재생시킨 공간이지만, 이 사업의 재정 지원이 끊긴 탓에 갤러리로 운영 중이던 매향교회도 문을 닫았단다.

1960년대 건축 당시 미공군기 비행고도 제한 때문에 십자가가 아닌 종탑을 세워 대신했다는 교회가 이제는 지자체의 예산 결정에 따라 문을 열고닫는다. 예산으로 사업(과 관련된 단체)을 쥐었다 폈다 하는 도나 시 단위 지자체의 행태를 종종 본다. 그때마다 일자리가 사라지고 사람들이 지켜내려던 방향과 가치가 멈춰버린다.

매향교회가 방치된 것이 슬프다. 교회에서 만난 친절했던 주민이 둘러보고 가라고 했던 미군들의 옛 숙소도 다른 주인에게 넘어가 철거됐다고 했다. 슬프다고밖에 말하지 못해 무기력하다. 이보다 몇십 배 더한 무력함 속에 살았을 매향리 사람들을 떠올린다. 그들이 폭격장 폐쇄를 요구하며 하고 싶던 말은 이것이 아니었을까.

> '국방 안보를 위해 국가 간의 협정 때문에 매향리 미 공군 폭격장은 어쩔 수 없지 않느냐'라고 말씀하시겠습니까? 그렇다면 서울 여의도 고수부지로 폭격장을 이전하여 청와대와 미 대사관지, 국방부 청사, 국회의사당 지붕 위로 저공 비행하며 폭격 연습을 하게 해보란 말입니다.[41]

실제 전만규 주민대책위 위원장이 했던 말. 이걸 법정에서 말했던가. 이 말이라도 해서 속이 시원했을까. 다른 주민의 말을 빌려 요약하면 이것이겠다. "우리를 사람으로 안 본 거지."[42]

전만규가 지킴이로 있는 매향리 평화역사관[43]도 4년 전과 풍경이 다르다. 앞마당에 있던 전시물들이 사라지고 자갈만 뒹굴고 있다. 그곳에서 전만규를 만났다. '청년 전만규'라는 명칭으로 각종 매향리 투쟁 자료들에 담겼으나 지금은 환갑을 훌쩍 넘었다.

"저게 매향리의 역사와 상처를 보전하고 기억하는 데에 무슨 도움이 되겠습니까. 이건 혈세 낭비죠. 답답하죠."

---

41 전만규, 〈법정진술문〉, 2000.6.
42 이금미·양효원, 〈'쿠니 사격장' 논과 밭 헐값에 탈취… 땅도 잃고 바다도 뺏겼다〉, 《중부일보》, 2021.2.24.
43 54년간 소음에 시달려온 마을의 고통을 기억하기 위해 매향리 마을 입구에 문화예술 공간을 만들었다.

옛 폭격장 부지에 세워진 야구장과 평화생태 공원을 두고 한 말이다. 예전에 왔을 때 공사 중인 모습만 보고 갔는데, 그사이 완공이 됐다. 폐쇄된 폭격장 부지 일부를 화성시가 매입한 것이다. 그 이야기부터 해보자.

폭격장 폐쇄, 그 이후

2005년 폭격장이 폐쇄되었지만, 이는 미군 부지 소속이었던 땅의 관리권이 한국 국방부로 넘어갔다는 의미일 뿐이었다. 여전히 이곳은 군사시설 부지였다. 주민들은 화성시가 옛 폭격장 부지를 매입해 그동안 싸워온 주민들과 협의를 거쳐 새로운 공간으로 탈바꿈하길 기대했지만, 반환 이후 4년이 지나도록 화성시는 감감무소식이었다.

"소파 협정에 따라 미군들이 사용하던 기지를 한국 정부에 반환하잖아요. 미군이 철수하기 전에 특수 장비를 가져와 용역 조사를 했어요. 갯벌과 토지에 있는 폭탄을 제거하는 데만 4년이 걸리고 700억 원이 든다고. 그랬는데 팽개치고 가버렸어요.[44] 한국 정부는 미군에 구상권 청구 같은 것도 감

---

[44] 1966년 7월 9일, 주한미군지위협정(SOFA)이 체결된다. '4조 시설과 구역-시설의 반환' 조항을 보면, 미군은 시설과 구역을 반환할 시 그 구역을 원상으로 회복해야 할 의무를 지지 않는다. 다만 2001년에는 환경보호에 관한 특별 양해 각서를 추가 조인해, 미군이 주둔한 지역에 관한 환경 관리 기준, 정보 공유 및 출입, 환경이행실적 및 환경협의에 관한 내용을

히 못한 거죠. 결국 우리 주민들이 터질 수도 있는 불발탄을 안고 살게 된 거예요. 국방부랑 미군 사령부 앞에 가서 거친 시위도 하고 그랬어요. 우리는 하루빨리 환경 정화해서 갯벌을 되살려서 먹고살아야 하잖아요."

군사 훈련 후 제대로 수거되지 않은 포탄은 녹이 슬어 갯벌과 바다에 중금속을 흘려보냈다. 이로 인해 군사훈련장 인근 마을에선 주민들의 암 발병률이 높다는 주장이 제기되고 있다.[45] 어쩌면 암은 나중 문제였다. 물고기도, 조개도, 해초도 살아갈 수 없는 바다가 된다는 건 어촌 사람들에겐 당장 생존이 걸린 문제였다. 기다리다 못해 마을 사람들은 자체적으로 포탄 잔해를 제거한다.

"사실 민간인이 하면 안 되죠. 굉장히 위험하거든요. 불발탄이 있기 때문에. 어떤 건 빌딩 하나도 날려버릴 수 있는 폭탄이에요."

하지만 가장 두려운 것은 언제나 생계니까.

"미군 기지로 운영될 때, 그때 폭발물 처리반에서 일하던 분들이 있어요. 그분들 섭외해서 수작업으로 하나하나 수거한 거죠. 포탄 수거 작업은 겨울에 많이 했어요. 왜냐면 여름에는 태양이 내리쬐니까 화약이 남은 포탄들이 터져버려요. 우리가 겨울에 이 작업을 많이 했는데, 바닷물이 얼 정

체결했다.
45 대천사격장(미사일 폭격 훈련장) 옆 충남 보령 갓배마을의 경우 37가구에서 28명이 암으로 사망했다. 갓배마을은 2008년 대책위를 만들어 싸워온 이래 '암 마을'로 통한다.

도의 추위에 발 담그고. 배로 싣고, 컴바이어에 싣고. 이런 일을 주민들이 다 한 거예요."

미군이 '팽개치고 간 곳'에서 마을 사람들이 직접 포탄을 건져 올렸다.

"그래도 우리가 10년을 수고한 끝에 이제 조업을 하는데, 어장이 많이 정화되어서 지금은 여기서 나는 바지락은 전량 일본으로 수출돼요."

예전 농섬 가는 길에서 본, 굴 포대를 무거운 줄도 모르고 실어 담던 어민의 뒷모습이 떠오른다. 포대로 굴을 그득 담아낸 후에야 마을에 평화가 온다. 바다와 갯벌에서 건져낸 포탄은 평화역사관 앞마당으로 옮겨왔다. 부지 매입을 하지 않았으니 화성시는 포탄을 수거할 책임이 없다 했고, 국방부는 정화사업은 미군의 책임이라는 말만 했다. 미군은 어쨌거나 떠났다.

"더 웃기는 건, 그 포탄들을 수거해서 여기에 가져다 놓은 건데. 국방부에서 한국 공군 폭발물 처리반에 지시를 해서 우리가 쌓아놓은 저 포탄들을 다 싣고 갔어요. 싣고 가서 뇌관을 제거하고 다시 돌려놓은 거예요. 뇌관이 있으면 터져 버리니까. 이게 얼마나 웃기는 일이에요. 그 위험한 걸 우리가 다 옮긴 거예요."

탄피가 사라진 후에도 이 땅을 탈바꿈할 계획은 나오지 않았다. 하릴없이 시간이 흐르는 사이 함께해온 시민사회 단체들도 하나둘 사안에서 멀어졌다. 그렇게 고립된 기다림의 시간이 계속되던 어느 날, 화성에 새로운 시장이 당선되고

'매향리 평화 마을 건립 추진위원회'가 결성된다. 4년만이었다. 그제야 매향리 폭격장 폐지 운동을 해온 시민사회 진영과 지자체간의 공식적인 대화 창구가 만들어진다.[46] 그런데 화성시가 내놓은 것은 '평화·생태·레저 공원' 조성 계획. 이후 추진위원회도 '매향리 평화생태공원 추진협의회'로 명칭을 변경한다. 민관협의회 체계가 만들어졌으나, 17만 평의 부지는 기억과 애도로 채워지지 않았다.

2015년 화성시가 가져온 조성 계획은 야구장(화성드림파크) 건설이었다. '화성시를 야구의 메카로 만들겠다'던 화성시가 야구장 건립 부지로 매향리를 주목한 것이다. 매향리 평화생태공원 추진 과정을 연구한 이의 이야기를 빌리자면 "화성시는 미군기지 부지를 역사적인 곳이라고 여기는 게 아니라 새로 생긴 빈 땅이라고 인식하는 것 아니냐" 하는 의구심이 민관협의회와 주민들 사이에 만연했다.[47] 하지만 결국 야구장 건설은 추진됐다. 바로 옆 기아차 화성공장처럼 산업단지가 들어올 거라는 소문 때문이었다. 공장 지대가 들어오면 어업 활동은 끝이었다. 그러니 울며 겨자먹기로 '레저'를 받았다. 레저건 생태건 관광객이 찾아들고, 그것이 오랫동안 멈춰있던 이 지역의 경제를 다시 움직여줄 거라는 기대도 있었다.

---

46 〈매향리 평화생태공원 추진협의회 설치 및 운영에 관한 조례〉, 화성시의회 발의, 2013.
47 홍성규, 《'매향리 평화생태공원' 추진 사례로 본 사회운동의 제도화 연구》, 2022.

주민대책위 위원장을 역임한 전만규는 매향리 역사를 남기는 일과 멀어지는 사업을 답답해했다. 하지만 그도 기억하는 일과 먹고사는 일이 분리될 수 없다는 건, 뼛속에 자리 잡은 가난의 시절 덕에 안다. 그렇지 않았다면 자력으로 갯벌에 박힌 포탄을 꺼내오지도 않았을 테다.

서서히 가라앉는 거죠

"여기 주둔한 미군들은 한 10여 명 내외였거든요. 그런데 이 기지에 종사하는 경비원이나 시설 관리, 식당 이런 데서 일하는 우리 주민들은 한 65명 정도 이렇게 됐어요. 여기는 집성촌이라, 어느 집안에 누구 하나가 거길 다니잖아요. 그럼 그 일가가 다 얽혀 있다고 봐야 해요. 당시엔 거기가 신의 직장이었어요. 이 사람들 월급이 군수 월급보다 많다고 그랬어요. 달러로 받기 때문에. 기지를 폐쇄하라는 건 그 직장을 없애려는 거잖아요. 아마 나도 저기 취업이 되었다면, 이거 폐쇄 운동하는 놈들 죽이려고 달려들었을 거예요. 당시에 아버지가 미군 부대 다니는 애들은, 다 수원으로 유학 가서 고등학교를 다니고. 나는 중학교도 간신히 나왔죠. 군부대 다니는 아버지를 두지 않은 집 애들은 다 그랬어요. 우리 마을에서 나랑 친구들 해서 8명이 몰래 중학교 시험을 친 거예요. 시험 본다고 하면 안 보내줄 게 뻔하니까, 어머니 바다 나간 사이에 돈을 훔쳐다가 입학원서를 써냈죠. 시험을 치렀는데 나만 합격이 됐어. 그 바람에 우리 아버지가 어쩔 수 없이 중학교를 보내주셨지. 중학교 졸업하고는 바로 배로 끌려나왔죠."

앞서 '저기 취업이 되었다면, 나도 그랬을 거다'라는 간명한 말에서, 집성촌에서 이웃의 이익에 반하는 일을 계속 벌여온 이가 감당해야 했던 세월이 느껴진다. 그의 가족이 거주하던 임시 숙소가 불에 타 버린 일도 있었다. 미군도 한국 경찰도 아닌, 미군기지 내 직장을 둔 마을 사람이 벌인 방화라 추정된다. 먹고사는 일 때문에 그랬다. 가난했다. 가난은 포탄이 떨어질수록 더 깊어졌다. 미군이 황색 깃발을 들어주어야 기지 안 논밭에 들어갈 수 있었고, 갯벌에서 조개를 캘 수 있었고 바다로 갈 수 있었다.

"다른 데서는 배를 띄우고 안 띄우고를 물때를 따라, 썰물이고 밀물이고에 따라 정하잖아요. 여기는 깃발이 오르고 내림에 따라 조업을 하거나 하지 못하거나. 그 깃발이 주민들에겐 악제의 상징이었던 거거든요."

그가 철조망을 넘어 황색 깃발을 찢은 이유다. 그리고 구속됐다. 젊었던 시절이다. 싸움이 시작된 1988년으로 거슬러 올라 계산을 해보자면, 그는 18년을 폭격장 폐쇄를 외치며 싸웠고, 이후 반환 부지를 못 본 척하는 지자체를 기다리며 5년을 흘려보냈고, 매향리를 기억하는 평화 공간을 만들 수 있을 거라는 기대가 꺾이고 답보 상태로 흘러가는 걸 지켜보며 10년을 보냈다.

사이에 또 한 번의 지자체장 선거가 있었고, 새로운 시장

체제에선 민관협의회 회의조차 열리지 않았다. 평화생태 공원 내 세워질 평화기념관 전시 공간 마련을 위해 2020년 회의는 재개되지만, 2023년인 지금껏 평화기념관은 철조망 너머 문이 닫혀 있다.

"이제는 어떤 의욕만 가지고 뭘 할 수 있다는 자신감을 가질 나이는 아니니까, 서서히 가라앉는 거죠. 더 늙고 병들기 전에 내가 해왔던 일을 정리해야 한다고 생각하고 있어요. 그걸 목표로 삶을 붙잡고 있죠. 우리 싸움이 아직 일목요연하게 정리가 안 되었어요. 자료 같은 건 굉장히 많은데, 이걸 좀 정리하고. 포탄들도 자칫 잘못하면 저 귀한 역사적 자료들이 고철로 팔려 간다든가 그럴지도 모르니."

평화생태공원에 자리한 평화기념관이 개관을 하면 이곳은 문을 닫을 생각이라고 했다. 역사관 내부는 넓지 않다. 앉은 자리에서 사방을 둘러볼 수 있을 만큼 작은 공간. 처음 이곳을 방문했을 때, 미군 기지를 지키려 출동한 경찰과의 싸움에서 뺏었다는 방패와 폐쇄된 사격장 철책에서 떼어온 표지판('전투기 폭탄 투하 지역이바 폭발물이 위험하오니 출입을 금합니다')과 깃발 등이 보관되어 있었다. 각종 유인물과 회의록, 자료집까지. 역사관 앞마당에 전시되었던 포탄 일부는 개관을 앞둔 평화기념관으로 옮겨갔다고 했다.

25년 전, 이곳 매향리에선 곡소리가 나고 상여를 끄는 주민들의 시위가 있었다. 상여꾼의 뒤를 따르는 것은 관이 아니라 포탄이었다. 작은 바윗덩이 같은 포탄 잔해를 끈에 묶어 곡소리에 맞춰 끌고 가는 시위 행렬 영상을 보며 반복되는 일에 대해 생각했다. 그가 고철로 팔려나갈까 봐 겁이 난다며 남기고자 하는 저 포탄과 바스러질 것만 같은 낡은 인쇄물들이 우리에게 말해주는 건 무엇일까. 거듭 되는 일을 멈출 수 있는 어떤 희망을 줄까.

내일 또 이 자리를

청년 전만규라 운동 사회에서 불리던 사람은 이제 늙고 지쳤다. 분노로 자신의 몸을 태워왔다. 굳이 물어 아는 것은 아니지만, 분노를 태우는 사이 자신만 타진 않았을 것이다. 주변을 함께 태운 후회가 깊다는 건 은연중에 드러난다. 하지만 내 쪽에서 그 후회의 깊이를 더듬는 일은 하지 않는다. 폭력의 공간에서 살아온 그의 후회에도 너무 많은 폭력이 있었다. 대신 나의 오래된 기억을 가져온다.

골프장 때문이었나. 송전탑 때문이었나. 아니면 4대강 때문이었는지. 이제는 기억도 흐릿하지만, 산으로 장비가 올라가는 좁은 길목으로 이동하려는 소수의 사람을 경찰과 용역경비들이 막아 세우는 일이 반복되는 날이었다. 어제도, 오늘도, 그저 사람들을 붙잡아두고 보내지 않았다. 긴 답보 상태에서 한 환경운동 활동가가 하는 말을 들었다. 저들은 지금 우리에게 무력감을 학습시키는 거라고. 너희들로는 안 된다는 것을 보여주기 위해 이 무의미한 일을 반복하는 거라고. 그 무력한 마음이 쌓여 내일 나오는 사람이 한 명 줄고 두

명 줄고, 이런 일을 기다리는 거라고. 그러니 우리가 할 일은 내일도 나오고, 모레도 나오는 거라고.

　오래전 나는 무력감을 느끼기에 너무 젊었으나 그 말을 기억해두었다. 나에게 무력감을 선사하는 어떤 순간을 만날 때 꺼내려고 간직해둔 것인데, 살아가며 예상했던 것 보다 더 자주 그 말을 꺼내야 했다. 전만규와 마을 주민들의 바람이 성취되고 무시되고 답보하는 일에 대해 들었다. 포탄 소리는 멈췄고, 농섬에는 검은머리물떼새가 찾아온다. 주민들은 이제 물때를 보고 조업에 나가며, 갯벌에는 조개가 내는 숨구멍이 열린다. 적지 않은 주민들이 이곳을 떠났고, 나이 든 사람들은 더 늙어가고, 야구장은 인위적인 불빛을 작은 마을에 내뿜고, 저 멀리서 갯벌을 간척해 세운 항구에 들어오는 물류 선박의 엔진 소리가 들린다. 무력할 일은 많으나 해야 할 일도 많다. 내일 또 이 자리를 지키는 일 같은.

3.
방사능 피폭 위험지대에 들어오셨습니다[48]

월성원전 최인접 마을에 가다

지금으로부터 50년 전, 바닷가 마을 나아리에 월성원전이 세워졌다.[49] 원전과 함께 처음에는 공사 인부들이, 그다음에는 한국수력원자력(한수원) 직원들이 왔다. 농사와 고기잡이가 생업의 전부였던 마을에 인부와 직원들을 먹여 살릴 식당이 들어섰고, 숙박업소가 생겼다. 작은 마을이 들썩였다. 도시에서 온 사람들은 돈을 들고 왔고, 마을은 최첨단 기술로 전기를 만들어낸다는 원전을 환영했다.

바다는 더 조용해졌다. 원자력발전소에서 배출하는 다량의 온배수로 인해 바다에서는 어업이 불가능하다고 했다. 평생 어부였던 이들은 보상금을 받고 떠났다. 그렇게 월성원전에서 가장 가까운 마을 나아리는 논밭보다 식당이 많은 마을이 됐다.

수십 년이 지나, 나아리를 비롯해 양남면 주민들이 이주

---

48 희정, 〈방사능 피폭 위험지대에 들어오셨습니다〉, 《일다》, 2016.12.5.
49 월성원전 1호기는 1975년 5월 3일에 공사를 시작하여 1983년 4월 22일에 준공했다.

를 원하고 있다는 이야기를 들었다. 2011년 3월, 일본 후쿠시마 원자력발전소에서 방사능이 누출된 사고로 인해 국내에도 원전 위험성이 알려졌다. 원전이 집중된 경북 지역에서 탈핵을 주장하는 목소리가 커진 것도 이때부터이다. 내가 나아리를 찾은 이유이기도 하다. 원전 인근에 사는 사람들의 공포는 어떠할까 생각했다. 글머리에 '원전이 인접해 있으니 불안이 크다'고 쓸 예정이었다. 그런데 이 말부터 하게 될 줄은 몰랐다.

"너무 가깝다."

나아리 마을로 들어선 버스가 나와 일행을 내려준 곳은 음식점과 상가 건물이 즐비한 2차선 도로. 몇 걸음 걷지도 않았는데, 갑자기 마을이 끝났다. 끝나는 지점부터는 원전 부지라고 했다. 동행한 환경운동단체 활동가가 연두색 펜스를 가리켰다. 식당 건물 옆에 붙은 저 흔해 빠진 펜스가 무엇이길래. 가까이 다가가니 펜스에 붙은 표지판이 보인다. 이 연두색 펜스가 원전지대 제한구역(원전 반경 914m)을 가르는 표시였다.[50]

제한구역이 고작 900여 미터부터라니. 연두색 펜스 너머 주차된 차들이 눈에 들어왔다. 아니 무엇보다, 제한구역

---

50 국내 원자력 안전법은 제한구역 선정을 원자력 시설로부터 560미터, 700미터, 914미터로 발전소의 용량과 종류에 따라 각기 정하고 있다. 고준위 폐기물이 생성되는 중수로 월성원전은 제한구역을 914미터로 두고 있다. 그러나 이는 명확한 기준이 있다기보다, 1970년대 월성원전 설비를 수입할 당시 수출국인 캐나다의 기준에 따른 것이다.

안에는 초등학생들이 주로 견학을 온다는 원자력 홍보관이 있었다. 반대편에는 상점이 즐비했다. 원전 마을이라고 했으나, 이렇게나 가까울 줄 몰랐다. 내가 무지한 것인지, 원전을 건설하는 이들이 세상의 상식을 배반한 것인지 문득 헷갈렸다.

매일 상여를 끄는 아침

원자력 홍보관 바로 옆으론 현수막이 하나 붙어 있었다.
〈당신은 방사능 피폭 위험지대에 들어오셨습니다〉
나아리 주민들이 건 현수막인데, 이들이 가져다놓은 것은 현수막만이 아니다. 2년째 농성장도 자리를 지키고 있다(2016년 기준). 농성장 문을 열고 들어가니, 어르신 몇이 앉아 있다. 난로를 피웠는지 온기를 간직한 농성장. 그래도 곧 겨울이다. 월요일 아침은 출근하는 한수원 직원들을 상대로 선전전을 하는 날이라고 했다. 그 선전전이라는 것이 요상하다. 곡소리가 울리더니 주민들이 관을 끌고 차도로 나갔다. 월성원전 정문까지 그렇게 질질 관을 끌고 간다.

"사는 게 죽는 것과 똑같다는 걸 보여주고 싶었어. 우리는 매일, 매 순간 나쁘고 위험한 방사능에 노출된 채 살고 있잖아. 우리의 결연한 의지를 보여주려고 했지."[51]

---

51 김우창, 〈"매 순간 방사능에 노출돼 살잖아" 상여 시위하는 까닭〉, 《한겨

한 기사에서 마을 주민을 상여를 끄는 이유를 이렇게 말했다. 원래는 매일 아침 상여를 끌었는데, 주변 초등학생들이 상여 곡소리를 따라 하는 걸 보고 일주일에 한 번으로 줄였다고 했다. 평균 연령이 일흔은 되어 보이는 이들에게 무리한 일이기도 했다.

"농사지은 것도 안 먹어야 하는데. 시골에서 수입이 없는데 안 먹을 수가 없는 거라. 비 오는 날은 더 걱정스러운 거라."

나아리 주민 황복희 씨는 "여긴 모든 게 오염된 거라. 사람마저도." 하며 자신의 가슴께를 가리켰다. 하지만 한수원의 말은 다르다.

"우리 손녀가 학교 갔다 와서 그러는 거라. '반 친구가 그러는데 원자력은 절대 사고 안 난다고 해요' 내가 '그래, 그 친구가 어디 사는 친구냐' 하고 물으니까. 한수원 사택에 사는 친구라고. 그러면 그럴 수 있다. 다음에 그 친구하고 이야기할 기회가 있으면 '후쿠시마는? 일본 사고는 어떻게 일어났냐'고 물어봐라 그랬어요."

후쿠시마 원전 관계자들도, 사고가 나기 하루 전날까지도 이 말을 했을 것이다. 원전은 안전하다. 브라운관 너머에서 옆나라 원전 사고 소식을 듣기 전까지 나아리는 평온한 마을이었다. 원전은 안전하다고 말하는 이들이 있었고, 주민들은 그 말을 믿었고 그렇기에 평온했다. 하지만 전기 만드

레21》1481호, 2023.9.14.

는 최첨단 공장 정도로 생각한 원자력발전소가 브라운관 너머에서 폭발하고 있었다. 뒤이어 들려오는 소문. 후쿠시마에는 이제 사람이 못 산다더라. 나아리 주민들은 안전하다던 원전을 의심스럽게 바라볼 수밖에 없었다. 폭발 사고가 난 후 일본에선 사람들이 원전에서 20킬로미터 밖으로 대피했다는데, 나아리 마을은 월성원전 반경 1킬로에 있었다.

불안한 마음에 마을을 떠나려 했건만 집이건 땅이건 팔리지 않았다. 팔릴 리 없었다. 후쿠시마 사고 이후 온 국민이 원자력발전소를 의심하기 시작했다. 평생을 모아온 재산의 가치가 0이 되었다. 맨몸으로 도망치지 않는 이상 꼼짝없이 마을에 남아야 한다. 그때부터 나아리 주민들은 정부에 이주 대책 마련을 요구했다. 농성장까지 차려 두 해를 넘겼다. 농성에 함께하고 있는 황분희 같은 경우, 초등학교 다니는 손녀를 포함해 6식구가 함께 산다고 했다. 가족이 다 같이 모여 살려는 욕심이었다. 지금은 어린 손주들에게 무슨 짓을 한 건가 후회가 막심하다고 했다.

"지하수에도 삼중수소[52]라는 방사성 물질이 있다는 거야. 그래서 내가 한두달은 생수를 사 먹었어. 우리 식구가 6

---

52 삼중수소는 인체 조직을 투과하지 못하지만 물 형태로 체내에 들어가면 피폭을 일으키는 방사성 물질이다. 다만 인체에 농축되는 중금속 원소가 아니기 때문에 대사 작용에 의해 몸 밖으로 빠져나간다고 알려져 있다. 그러나 이는 단시간 낮은 농도의 삼중수소에 피폭되었을 경우에 해당하며, 장기간 노출 시 생식 세포 파괴, 유전자 영향 등 변이가 일어난다는 연구 결과도 존재한다.

명인데, 감당이 안 되는 거야. 결국은 다시 지하수 물 먹었지. 안 먹고 어떻게 살겠어."

2015년 8월 20일 환경운동연합이 월성원전 소재지인 양남면 주민 61명을 대상으로 체내 방사성 물질 피폭 정도를 검사했다. 그 결과 61명 모두에게서 삼중수소가 검출됐다. 양남면 주민의 삼중수소 검출 평균치는 8.36Bq. 양남면 외 거주하는 경주 지역민을 대상으로 조사하자 3.21Bq의 삼중수소 검출이라는 결과가 나왔다. 2배가 훌쩍 넘는 피복량의 차이. 심지어 5살짜리 어린아이에게선 제 부모보다 3배나 높은 검출량이 나왔다. 타지로 출퇴근을 하는 성인들에 비해, 하루를 온전히 마을에서 보내는 아이들 몸에 더 많은 방사성 물질이 쌓인 것이다. 황분희로서는 속이 뒤집힐 노릇이었다. 피폭 조사 결과가 언론에 공개되자 한수원 측은 반박 보도를 냈다. 그 내용을 요약하면 아래와 같다.

'조사에 나온 삼중수소는 일반인 방사선량 노출한도인 1mSv의 0.06퍼센트에 불과하다. 이는 엑스레이 1회 방사량과 비교해도 낮은 수치이다. 인체에 무해하다.'

한수원의 설명은 주민들을 안심시키지 못했다. 오히려 마을 사람들은 이런 마음을 품었다. "저 사람들은 이것마저 인정하지 않아." 후쿠시마 사고가 있었던 그해 월성원전 부품 불량 문제가 언론을 통해 밝혀졌고, 이 사건은 한수원에 대한 마을 주민들의 불신을 증폭시켰다. 원전에 언론과 세간의 시선이 몰리자, 그간 감춰둔 원전 관리의 허술함이 밖으로 드러났다. 그중 국정감사에서 드러난 원전 1호기 설계도면 분실 사건은 주민들을 경악하게 했다. 세워진 지 40년이 넘은 월성 1호기 설계도면이 없어 2~3호기 도면으로 안전 심사를 대신했다는 것이었다. 농성장 주민들의 비유는 이러했다.

"쌍둥이가 있는데, 동생 몸을 검사하고는 맏이도 건강하다고 진단내렸다."

불신은 사그라들 줄 몰랐다.

70가구가 20여 가구가 되기까지

이주대책위(월성원전인접지역 주민이주대책위원회)는 70여 가구로 시작했다. "한수원에 친척이 있다고 한 명 빠지고, 아들이 한수원 계약직으로 취직해야 한다고 빠지고, 식당에 한수원 직원들이 오질 않는다고 빠지고." 그렇게 해서 지금은 20여 가구가 이주대책위에 남았다. 마을 주민들 모두 보상만 주어진다면 이주를 하고 싶은 마음일 거라고 했지만, 곱지 못한 시선들은 여전하다. 그동안 원전 혜택을 다 받고 이제 와 이주 보상까지 해달라고 하는 것은 경우에 맞지 않는다고 하는 이들도 있다.

원전 혜택이라. 한수원 직원들을 비롯해 원전 노동자를 재우고 먹여서 생계를 유지하는 마을에서 돈이 되는 것은 뭐든 원전에서 흘러나왔다. 그건 누군가의 고향을 식당 가게와 가건물 가득한 낯선 땅으로 변하게 하는 과정이었다.

"작년에 영덕군이 발전소 2개 지으려고 오만 거 다하면서, 원전 들어오면 당신들(영덕 주민) 잘 살게 해준다고 그랬어. 내가 영덕을 8번을 다니면서, 나는 환경 운동을 하는 사람도 아니고 전문가도 아니고 원자력발전소 옆에 사는 주민인데. 내가 겪은 이야기를 그대로 하겠다. 월성에는 6기의 원전에 저준위 방폐장까지 갖다 놨다. 이 동네가 어떻게 되어야겠냐? 월성에 한번 와 봐라."

원전 공사를 담당한 협력업체와 건설노동자들이 떠나자 마을은 금세 쇠락했다. 곳곳에 붙여진 임대 팻말과 깨진 건물 유리가 지금을 말해준다. 장사를 하러 온 이들의 많은 수가 타지인이었다. 장사가 뜻대로 안 되자 마을을 떠난 이도 꽤 된다. 물론 다수가 가게 권리금과 보증금에 묶여 붙박여 있다.

"우리는 이주를 시켜달라 하는데, 저 사람들이 말하는 것은 여기를 잘 살게 해준대. 아니 이렇게 방사능이 나오는데 누가 이 동네 들어온다고, 잘 살게 해달래."

기업이나 정부가 '돈을 푸는' 곳이 있다. 시설이나 산업단지로 인한 공해 등 환경에 영향을 미치는 지역이다. 억대의 발전기금이 입막음용이라는 것을 모르기 어려웠다. 양남면에도 면리 단위 마을에 어울리지 않는 규모의 스포츠센터가 세워지는 중이다. 25미터 수영장과 인공암벽등반을 갖춘 시설이었다. 장학금, 발전기금 같은 이름을 달고 한수원이 지역에 흘려보낸 돈은 대다수가 이런 식이다. 겉보기에 화려해 보이지만 흘러가는 돈, 마을의 공동체가 유지되는 데는 관심이 없는 돈이었다.

"그 돈으로 마을 사업을 하라 그러는 거야. 사업을 해서 이익금 난 것을 지역이 가져라. 스포츠센터를 짓는데. 여기 바로 가까운 데 큰 게 있는데 또 짓는다고. 도로포장하고, 건물 짓고 그런 데 돈을 다 써. 건설공사를 발주하는 과정에서 책임자들이 다 주머니에 넣는 거야."

이주대책위에서 조장이라 불리는 김해준의 말이다. 후쿠시마 사고가 아니었다면 일흔 해 평생 들어보지도 못했을 '원전마피아'라는 단어가 그의 말에 박힌다. 돈은 지역을 가르는 좋은 도구로 활용된다. 마을 주민들만 서로 찢긴다.

잃을 것은, 삶

갈리고 찢긴 마을에서 농성장을 지키는 것은 대개 예순이 훌쩍 넘은 노인들. 대책위에 남은 20여 가구에는 5대째 선산을 머리맡에 두고 살아온 이도, 박정희 정권 때 월성 1호기 짓는다고 쫓겨나 나아리로 들어온 이도 있다. 또다시 그 땅을 비워야 한다. 평생을 한곳에서 살아온 사람들이 이주를 요구한다. 자식들이라도 내보내야겠다고 한다. 이주를 요구하지만, 실은 요구받은 것이다. 물론 그 요구는 응답받지 못하고 있다.

"우리 경제가 발전했다고 해. 맨날 하는 말 있잖아. 싼 전기로 제품을 만들어가 외국에 팔았기 때문에 우리가 이렇게 발전했다고 한단 말이지. 그런데 그 값싼 전기 하나 만들기 위해 발전소 주변 사람들이 얼마나 희생하고 사는지 아냐. 기업은 전기세 싸게 해줘서 번 돈으로 저그 손자들, 배 속에 있는 아까지 다 돈 노나 갈라주면서. 왜 정작 전기를 만드느라 피해를 보는 국민에게는 아무런 대책이 없느냐 이거야."

농성을 한 뒤로 집에 가면 전기코드부터 빼놓기 바쁘다는 주민들. 원전과 송전설비 인근 주민들에게는 전기료를 감면해준다지만, 이들에게 전기는 더는 풍족한 혜택이 아니다. 전기를 만들기 위해 어떤 희생을 치러야 하는지가 눈에 들어온다. '전기는 필요하니 어쩔 수 없는 거 아니냐' 쉽게 말하는 사람들이 있지만, 희생을 하는 입장에 놓인 당사자들에게는 잔인한 이야기다. 희생을 요구받는 집단은 늘 정해져 있다. 이들은 원전에선 가깝고, 이 사회가 말하는 돈과 권력과는 거리가 멀다.

우리는 성장을 위해 많은 것을 용인했고, 결국 그 욕망은 모두를 파멸시킬 수 있는 원자력을 만들었다. 그 사실을 일본에서 일어난 재앙을 보고서야 깨달았다. 그럼에도 정부는 대안을 마련하지 않고 있다. 2026년까지 총 36기의 핵발전소가 들어서는 계획은 멈추지 않는다.[53] 대안이 없어도, 대가

53　최근 상황을 말하자면, 2022년 윤석열 정부는 '새 정부 경제정책방향'을 통해 원전을 확대하겠다는 계획을 발표했다. 온실가스 감축목표(2030 NDC 40퍼센트)를 달성하기 위해 원전 가동률을 높이겠다는 것이다.

는 계속 치러야 한다.

핵을 멈추지 않는 한, 핵을 옆에 두고 살아야 하는 사람은 존재한다. 이 문제를 일부 지역에 대한 보상 문제 차원으로 국한할 수 없다. 올해 9월 나아리 주민들은 국회에서 자신들의 문제로 토론회를 열었다.[54] 농성 2년 만에 처음으로 국회에 입성한 것이다.

그 자리에서 어느 편의 전문가들은 조목조목 과학적 근거를 들어 방사능 기준치 미만의 무해함을 주장했다. 그들은 주민들의 불안을 과학적 무지라 치부했다. 다른 측의 전문가들 입장은 또 다르다. 피폭 계산식 자체가 현실을 제대로 반영하지 못한다고 했다. 기준치 미달이라는 말로 모든 책임을 일축할 수 없으며, 인근 지역 주민의 갑상샘암 증가라는 실제 피해 사례가 있다. 양측의 입장이 팽팽하다. 주장을 접는다면 양쪽 다 잃을 것이 크다. 한쪽이 잃을 것은 연 20조 원 단위의 원자력 사업이고, 다른 한쪽이 잃을 것은 삶이다. 삶터이고, 가족이고, 고향인 무엇. 어느 사라짐에 눈을 두어야 하는가.

---

54 〈원전 인근주민 이주요구 타당성과 제도개선 토론회〉, 환경운동연합 외 주최, 2016.9.8.

2023년

황분희와의 대화

부산 고등법원 앞에서, 그리고 경주 나아리 농성장에서

월요일 아침 8시면 나아리에서는 상여 끄는 시위행진이 시작된다. 한수원 직원들이 출근하는 길목을 막아서고 상여를 끈다. 내가 농성장에 도착했을 때는 행진을 마치고 노인 몇이 남아 있는 상황이었다. 주룩 흐르는 땀을 연신 손수건으로 닦아내는 사람들 사이에 앉는데, 이 날씨에 선풍기가 돌아가지 않았다. 한수원에서 농성장으로 들어가는 전기를 끊었다고 했다. 한수원은 안전 관리를 이유로 들었지만, 그 시기가 묘하게 대선이 끝난 직후와 맞물려 주민들은 의심했다. 추측이 맞다면 꽤나 치사한 일이다.

    6년 만에 찾은 농성장은 지난 9년을 통틀어 어느 때보다 천대받고 있다고 했다. 들어주는 척만 한 것이 지난 정부라면, 들어주는 척조차 하지 않는 것이 이번 정부였다. 농성장에는 선거 패배를 인정하지 않고 소송을 하는 어느 마을의 이장 이야기가 돌고, 한수원이 지역 어르신들에게 선심 쓰듯 주던 노인 일자리를 끊은 이야기도 나온다. 한수원 부지 내 잡초 뽑는 공공근로와 다를 바 없는 일당 5~6만 원짜리 일자리에도 마을 민심이 뒤숭숭해진다. 돈은 자리싸움을 만들고 자리는 '편'을 만든다.

편먹기가 마을에서 반복되는 건 지난 9년간 변하지 않았는데, 달라진 것은 농성장 어르신들의 기력이다. 오랜만이지만 눈에 익은 얼굴들이 성큼 늙어버려 놀란 참이다. 세월을 실감하는 건 나만이 아니었나 보다.

"젊었을 때는, 10년 전에 젊었을 때는 그래도 객기라도 있었어요. 저 거대한 공기업을 상대하는 데 악이라도 있었어. 끝까지 해볼 거야. 사람들이 못 이긴다고 해도, 계란으로 바위치기라고 해도 그때는 바위치기라도 좋다. 수백 번 수천 번 치면 흠집이라도 날 거 아니냐. 우리 세대가 미래에 이런 걸 넘겨줘서는 안 된다. 그렇게 싸운 거예요. 그리고 나는 수없이, 진짜 수백 수천 번 쳐봤지. 그런데 아무도 받아주지 않아. 지금의 대통령은 원전은 자꾸 좋은 거라고 하니까, 모든 사람이 거기에 휩쓸려서 우리는 아무것도 할 수가 없어. 이렇게 될 때까지 우리는 국회도 찾아가고, 국회의원들도 붙들고 말해보고, 국회 (입법) 발의도 하고, 청와대 앞에 가서 1인 시위도 하고, 그런 것들을 했는데. 지금은 아무것도 할 수가 없어. 나이가 들어가면서 힘이 빠지고. 갑상선 질환이 그런 건데 피곤하고. 마을에 갑상선 질환자들은 자꾸 생겨나는 거라. 노인들이 병이 없어도 80대가 되면 몸이 아프잖아. 건강하지 않잖아. 아픈 데다가 이것(농성)까지 해야 하는 거라. 그러니까 이 스트레스가 굉장한 거야."

황분희 대책위 부위원장도 갑상샘암 수술을 받았다. 젊었다는 그때나 지금이나 황분희는 언론사나 연대자들이 월성에 오면 가장 먼저 찾는 인물이다. 앞장서 인터뷰에 응하고, 마을 사람들을 기자들과 연결하는 일을 도맡았다. 그만큼 이 싸움에 품을 내는 사람. 농성장을 찾기 몇 주 전 황분희를 부산고등법원에서 본 참이었다. '핵발전소 인근 주민 갑상선암 공동소송' 재판 선고 날이었다. 원전으로 인해 암이 발생했다며 한수원을 상대로 소송을 한 영광, 고리, 경주 주민들은 618명. 앞서 지방법원에선 패소했다. 원전이 배출한 삼중수소가 암을 발병시켰다는 인과관계가 불분명하다는 이유였다.[55]

2023년 8월 30일 고등법원 선고 날, 황분희를 비롯해 소송지원단 사람들이 참관석을 메웠고, 판사가 판결을 읽어내렸다. 기각한다는 문장을 말하기까지 10초나 걸렸을까. 사람들은 그 길로 법정을 나와 법원 정문 앞에서 기자회견을 준비했다. 그럴 줄 알았다고 담담한 목소리로 말했지만, 나는

---

[55] 2016년 원전 방사선에 의해 암에 걸렸다며 원전 인근 주민들이 한수원을 상대로 집단 소송을 했다. 2023년 8월 31일, 부산고등법원은 한수원의 손을 들어준 2심 판결을 내렸다. 판결이 있기 전인 그해 6월, 환경부는 월성원전 지역 주민들의 건강영향 조사 결과에 대한 최종보고서를 공개했다. "월성원전 인근 3개 읍·면의 표준화 암 발생비 분석 결과 전국 대비 모든 암은 남성(12퍼센트), 여성(18퍼센트) 모두 통계적으로 유의하게 낮았다"는 것이 환경부의 최종 판단이다. 이에 경주환경운동연합을 비롯한 시민단체들은 반박 입장을 내놓는다. "환경부의 조사는 원전 인근을 반경 20km로 규정하는데, 이는 적절치 않다. 반경 10km로 통계를 냈을 경우 암 발병률은 44퍼센트나 높았으며 심각한 염색체 손상이 발견되기도 하였다." 그러나 고등법원은 환경부의 최종보고서를 판단의 근거로 삼았다.

이들이 법정으로 들어가기 전 떨려서 잠을 못 잤다고 소곤거리던 걸 들었다. 승소를 축하하기 위해 준비한 현수막은 펼쳐지지 못한 채 구석에 놓였다.

"몸에 방사능이 들어 있어요. 그런데 우리의 안전이 아닌 기준치를 따지는 건 양심 없는 짓 아닙니까. 9년이나 재판을 끌어오면서 이번엔 제대로 된 판단을 하지 않겠나 하는 기대감이 있었는데, 정말 말할 수 없을 정도로 힘이 빠집니다."

황분희가 기자회견에서 한 발언이다. 힘이 빠진다고 말했는데, 어쩐지 황분희의 표정에선 아무것도 읽어낼 수가 없었다. 실망인지, 체념인지, 담담함인지. 알아낼 수 없어 자꾸 그의 얼굴을 살피며 나는 부산에서 경주로 가는 길을 생각했다. 이들은 먼 곳에서 짧은 판결을 들으러 왔다.

10년만 버텨보자

"집회 신고를 내려면 내가 운전을 하는 것도 아니고 하니까, 버스를 타고 경주(시내)까지 가서 집회 허가를 내야 해. 그걸 20일에 한 번씩은 가야 돼. 그것도 보통 일은 아닌 거야. 나가서 1시간 넘게 걸려 경찰서에 도착해 집회 신고하고 나오면 버스가 또 굉장히 오지 않아. 1시간을 기다려야 오는 거야. 한 번 나가면 너다섯 시간은 걸려."

8년 동안 매주 상여를 끌었다는 건 8년 동안 매달 집회 신고를 하는 이가 있었다는 소리이다. 경주 시내에서 나아리 농성장까지 동선을 더듬는다. 버스는 오지 않고 길은 구불구불했다. 그 길을 내일모레면 팔순이 되는 이가 오간다니.

"그래도 희망이 보인다 하면 괜찮아. 그런데 도통 볼 수가 없어."

나는 그 길이 네다섯 시간 걸려도 당도하는 곳에 황분희와 같은 이들이 있음을 알기에 온다. 맞아주고 이야기 들려줄 사람이 분명 있다는 걸 아니까. 그러나 집회 신고를 하고 상여를 끌어도 해결된다는 희망 없이 오가기에는 너무 먼 길이다. 이주대책위에는 이제 열 가구 남짓 남아 있다.

"희망이 있다면 지금 누구한테 하소연할 것도 없고 이야기할 것도 없지. 그도 없으니까 사람들이 더 지쳐가. 과연 이거 얼마나 이 싸움이 지속될지. 어떤 결론이 날 때까지 끝까지 가야 되는데. 그거를 버텨낼 수 있을까 걱정스러워. 돌아가시는 분도 있고 요양병원에 들어가신 분도 있고 다리가 아파 못 나오는 분도 있고. 이게 연세가 있다 보니까. 어떤 분은 이거 올해까지만 하고 안 할 거라고 해. 제발 그러지 말고 10년만이라도 채워보자. 늘 그랬던 거야. 8년째에도 2년만 더 해보자, 그렇게 해서 지금 9년까지 온 거야. 지금도 10년만 채워보자. 그분들이 아니라, 사실 나를 설득하는 거야. 삼성도 절대 (직업병이) 아니라 했는데 10년만에 해결이 되더라. 우리도 10년만 버텨보자."

그는 삼성반도체 직업병 인정 투쟁과 자신들의 싸움을 비교한다. 유사한 지점이 있다. 2007년 황유미를 비롯한 삼성반도체 오퍼레이터(생산직)들이 백혈병 등으로 사망하는 문제가 알려지고, 다음 해 문제를 해결하기 위한 시민대책위(반올림)가 만들어진다. 이때 정부와 삼성의 입장은 "과학적으로 입증이 되지 않았다"는 거였다. 반도체 공정 안에서 화학물질과 방사성 물질은 '제대로' 관리되었고, 누출되었다 하더라도 인체에 영향을 미치는 '기준치' 이하이고, 당사자들의 질병이 반도체 공정에 의해 발생했다는 과학적 인과관계가 입증되지 않았으므로 사과도 보상도 할 수 없다는 입장이었다. 지금 월성원전 지역 주민들이 듣는 말과 같다.

하지만 이런 입장을 내세우던 삼성도 2018년 결국 피해 당사자들을 향해 고개 숙인다. 피해 당사자들이 10년 넘게 싸워 얻은 결과였다.

> 삼성전자는 과거 반도체 및 LCD 사업장에서 건강 유해인자에 의한 위험에 대해 충분하고 완벽하게 관리하지 못했습니다.[56]

문제를 제기하니 과학이라는 이름 뒤에 숨었던 헛점들이 드러나기 시작했다. 이후 누구도 반도체 직업병을 그저 우연이거나 과장이라 말하지 않게 됐다. 황분희가 기다리는

---

56 삼성전자와 반올림 중재판정 이행 합의 협약에 따라 삼성전자 대표이사 명의로 발표된 사과문 일부이다. '지원 보상'이라는 이름으로 지급되긴 하지만 반도체 전·현직 근무자를 대상으로 질환에 따른 보상 제도도 만들어졌다. 10년을 싸운 결과이다.

것도 이 순간이다. 황분희가 직업병 인정 투쟁과 자신들의 싸움을 비교하는 건, 단지 방사성 물질 피복이라는 공통 분모 때문이 아니다. 정부와 기업의 태도에서 그는 유사점을 찾는다. 모든 것을 부정하는 기업과 정부의 태도가 반도체 직업병의 그때와 몹시 닮아서. 그리고 기업이 내놓은 기준치를 신뢰하고[57], 질병과 방사선의 인과관계를 병에 걸린 이가 입증하라는 법원의 태도 역시 너무도 닮았다. 그래서 황분희는 그때의 그들처럼 자신들도 인정을 받을 것이라 믿는다. 씁쓸한 믿음이자 카르텔의 속성을 파악한 직관이기도 하다.

우리는 방사선에 안전 '기준치'는 없다는 사실을 잘 알고 있다. 이번 2심 판결은 원고 618명뿐만 아니라 핵발전으로 인해 건강 영향과 피해를 입어온 지역주민들에게 '고통을 감내하라. 계속 희생하라'고 강요하는 것이다.[58]

---

[57] "과학적 근거에 대해 다루자면, 100mSv 이상의 고선량 방사선 피폭에 의한 확정적 영향과 발암 유발에 대하여는 잘 알려져 있으나 100mSv 이하 저선량 방사선의 경우 연구나 조사 결과가 부족하다. 이 불명확함을 한수원과 현 재판부는 '안전'으로 해석한다. 그러나 불명확함은 불명확함일 뿐, 안전이 아니다." (박기용, 〈'삼중수소' 5살 몸에서 어른보다 더 나와 … 원전 '암 소송' 9년〉,《한겨레21》, 2023.9.24.에서 참조.)

[58] 〈갑상선암 공동소송 2심 선고 결과에 따른 기자회견문〉, 갑상선암공동소송시민지원단, 2023.8.30.

오만 거 떼만 거

"우리는 가족들 먹거리만 내가 농사지었어. 농약 안 치고 믿을 수 있잖아요. 파는 것보다는 우리 가족이 깨끗한 걸 먹으니까. 집에 가면 과일나무들도 다 먹을 수 있는 걸로 심어놓고. 봄부터 앵두나무, 뽕나무, 사과, 체리도 심고 살구, 복숭아, 매실도 심고. 사과도 지금 먹는 사과랑 겨울에 저장하는 사과랑 두 종류를 심어놨어. 오만 거 다 심었어. 지금은 제일 많이 달린 게 구지뽕. 호두도 심어서 올해부터 열매가 달리더라고. 그랬는데 이게 원자력이 있다 보니까 다 물거품이 된 거야. 내 즐거움이 농사를 지어 가지고 서울에 있는 친구한테 보내주는 거였어. 야, 이거 한번 먹어 봐라. 채소랑 고추랑 해서 상자에 넣고. 내가 농사지은 거 다 먹어봐라. 이거는 무공해다, 이래 가지고. 친구는 그게 그렇게 좋은가 봐. 이제는 줄 수가 없어. 이제는 남아돌아. 남아돌아도 남을 못 줘."

나는 남쪽 지방 언어 중에 '오만 거'라는 말을 좋아한다. 밀양 송전탑 싸움을 취재하러 갔을 때 처음 나를 맞이한 이는 여수마을 김영자 총무였다. 그는 자신이 짓는 농사를 가리켜 웃으며 "오만 거 떼만 거 다 지어예" 했다. 그 논밭 위로 송전선로가 지나간다고 해서 싸웠다. 오만 거 다 심은 푸릇한 텃밭이 이들이 두고 떠날 수 없었던, 그리고 누군가는 두고 떠나야 하는 삶일 테다.

송전탑은 세워지기 전에 막아보려 했으나 세워졌고, 원

전은 세워진 지 수십 년이 되어서야 정체를 알았다. 굳건히 땅에 박힌 핵 시설 가동을 중지시키려는 사회적 움직임이 있기에 원전 인근 주민들도 이주 대책 마련을 요구할 수 있었다. 오래 살아온 터를 떠나고 싶다고 한다. 그에 상응하는 대책과 보상을 내놓으라 한다. 그래서 누군가는 이게 보상금 싸움이라 한다. 나는 그렇게 말하고 싶지 않다. 그의 집 앞마당에 길게 펼쳐진 오만 거 떼만 거를 보았기 때문이다.

황분희는 45년 전 나아리에 왔다. 바다도 예쁘고 하늘도 너무 맑고 그래서 이곳에서 살아야겠다 싶었다. 나아리로 사는 곳을 옮겨온 사건은 그에겐 "살아가는 방향을 바꾼 것"이나 다름없었다.

"그러니까 70년대지. 진짜 옛날인데, 그때는 더 어려웠어. 남편이 조선소에서 일했는데 이렇게 설계를 봤어. 총무반장을 했거든. 그때는 노조가 없다 보니까 상여금을 사람마다 달리 주는 거야. 일 잘하는 사람은 더 주고, 어떤 사람은 덜 주고. 상여금 주는 날이면 며칠을 잠을 못 자는 거야. 사람들이 찾아오는 거야. 왜 나는 적게 주냐. 반장인 남편은 그걸 견뎌내기가 어려운 거지. 스트레스를 자꾸 받아가지고. 병원에 가니까 몸에 이상은 없는데 기능이 너무 저하돼 있다, 어디 가서 요양을 좀 했으면 좋겠다…."

그래서 3년만 직장을 쉬자고 했다.

"그래서 온 게 여기예요. 진짜 좋은 거야. 애들도 어리니 바다가 좋고, 살아보니 몸이 다시 건강해지는 거야. 그때 우리가 살아가는 방향을 바꾼 거예요. 무조건 돈을 버는 게 아니라, 마음 편하게 사는 게 최고다. 남에게 구걸할 정도 아니면 여기서 애들 제대로 키우고 살면 되겠다. 그래서 안 나간 거야. 그때 나갔으면 차라리 나았지."

삶의 방향을 바꿔놓은 선택이 한순간 후회로 돌변한다.

"늘 미안해하며 사는 거지."

이곳에 사람이 살면 안 된다는 것을 뒤늦게 알았다.

"옛날에 캐나다에서 온 분이 농성장에 와서 깜짝 놀라더라고. 자기는 원자력 주변에는 사람이 안 사는 줄 알았대. 캐나다 이런 데는 원전 주변에 일단 마을도, 사람도 없다고. 사람이 없는 데다가 짓는 거지. 일본도 가보니까 원전 주변에는 사람이 거의 안 살더라고. 우리는 사람이 바글바글 사는 데다가…."

마을이 있으면 안 되는 자리에 마을이 있었다. 아니, 원전이 들어오면 안 되는 곳에 원전이 세워졌다. 아니, 원전이 세워진 그곳도 누군가의 마을이었다. 마을을 치우고 원전이 들어왔다. 반경 914미터라는 제한구역의 기준이 만들어질 땐, 인체 피복량만 고려된 것이 아닐 테다. 이주와 반발을 잠재우는 비용이 계산되고, 그 계산이 제한구역을 알릴 연두색 펜스가 놓일 자리를 정한다. 그렇다면 이 수치에 딱 들어맞지 않은 일들은 어떻게 하나. 사람의 몸에 삼중수소가 평균치보다 높게 검출되고, 원전 주변에 사는 이들의 암 발병률이 타지역에 비해 1.5배(44퍼센트) 가량 높게 조사되는 일들. 이렇게 들어맞지 않는 일은 개인이 감당하고 살아야 하는 것인가.

"애들이 보고 싶지."

2015년, 성인의 3배가량 많은 삼중수소가 손주 몸에서 나왔다는 역학조사 결과를 받고 황분희는 딸네를 분가시켰다.

"내가 그 애들 어릴 때부터 다 키웠잖아. 우리 애(자녀)들 키울 때 사랑을 많이 못 주고 키웠어. 그때는 너무 바쁘고 너무 없는 세월이라. 먹고사는 게 바빠서, 장난감 하나도 제대로 못 사주고 키운 거야. 그게 늘 가슴으로 애들한테 미안한 거야. 그래서 네가 너에게 사랑 못 준 거 네 자식들, 손주들 제대로 키워줄 테니까 너는 너 일해라. 그래서 데려와 키웠어. 진짜 애들이 맨발로 뛰어다니면서 컸어. 할머니 할아버지 밭에 가면 따라와서 도와줄게요 해. 자연에서 뛰놀며 커서 그런지 인성이 좋게 컸어."

그러다 삼중수소의 존재를 알게 됐다.

"애들이라도 내보내야겠다. 처음에는 같이 이주하려고 버텼어. 2년이 4년 되고, 이러다가 6년 되고 10년 될 것 같은 거야. 끝이 없어. 여긴 고등학교가 없어. 학교 핑계로 애들을 내보낸 거야. 애들한테 너 방사능 때문에 여기 있으면 안 돼. 이런 말은 못 하겠는 거야. 재들이 여기서 방사능을 마시고 먹고 했다니. 그런 생각을 하면 마음이 찔려. 어려선 모르더니 고등학생 되니까 이제 아는 거지. 할머니 빨리 나오라고, 자기네들 집으로 오라고. 지금도 계속 그러거든. 너무 마음이 아프지."

애정의 부채감을 갚고 싶어 손주를 돌봤으나 추억은 후

회와 불안이 되고, 한갓진 곳에서 마음 편히 사는 삶을 이정표로 삼아 살았으나 지금 이곳의 삶을 한가롭다고 말할 수도 없게 됐다. 건강이 우선이라 여기고 맑은 곳에 왔으나 건강을 잃었고, 이웃끼리 이것저것 '노나먹는' 게 좋아서 머물렀는데 지금은 인사도 못할 사이가 생겼다. 삶을 지켜온 것들이 이렇게 하나둘 허물어져도, 한 주가 시작되는 아침이면 눈을 떠서 누가 한수원 출근길 도로에 서는지를 살핀다.

"오늘은 누가 몸이 아프나, 어디가 안 좋아서 못 나오려나. 전화를 해보는 거야. 내가 자꾸 전화를 하니까 사람들도 미안해하고 일 생기면 나한테 미리 전화를 주고. 그렇게 못 오는 이유를 말해주면 나는 또 이제 안심하는 거야."

허물어진 자리를 책임으로 메우고 있는 걸까.

"우리가 여기서 이렇게 버텨주기 때문에, 반핵아시아포럼[59]도 경주에 오고. 이런 것조차 없으면 (탈핵 운동이) 발 디딜 틈이 없잖아. 저 사람들 마음대로 할 수 없게 우리가 버텨주는 거잖아."

책임이란 말로는 다 설명되지 않은 마음이다.

"내가 무너지면 안 되겠다. 나 또한 그런 책임감이 있기 때문에, 내 스스로를 자꾸 찾아 다독여. 그래 나는 잘하고 있는 거야. 지금 나는 아무 잘못도 없고, 억지를 쓰고 있는 것도

---

59 2023년 30주년을 맞이한 반핵아시아포럼(NNAF)이 한국에서 개최됐다. 일본, 대만, 호주, 태국 등 각지에서 온 참가자들은 서울, 부산, 경주, 울산 지역 등을 방문하여 국내 탈핵 활동가들과 만남을 가졌다.

아니고, 나는 있는 그대로 이야기하고 있어. 그러니 잘하고 있는 거야. 내가 어디 나라를 크게 바꾸고 그러는 게 아니라, 내가 믿는 만큼 씩씩하게 이야기하고 내 주장을 뚜렷하게 하는 거야. 그렇게 마음을 다잡지. 세 사람만 모여서 월성에 대한 우리 이야기 듣고 싶으면, 불러라, 가겠다. 그래서 참 안 가본 곳이 없지."

경주 시내로 나가야 하는 걸음조차 버겁지만, 월성원전 이야기를 듣겠다는 사람이 있다면 어디든 가겠다고 마음 다잡는다.

"3년 전인가. 부부 둘이서 찾아왔더라고. 어디서 오셨냐 하니까 대전에서 왔대요. 자기네들이 결혼기념일이 3일 정도 남았다고 하는데, 해마다 선물 사주고 어디 가서 맛있는 거 먹고 돈 들여 이래 하잖아. 그런데 올해부터는 그렇게 하지 말자, 했대. 적은 돈이라도 우리가 소외되거나 피해 보는 사람들한테 쓰자. 그런데 제일 먼저 월성이 생각이 나더라는 거야. 그래서 50만 원을 주고 간 거야. 그런 사람들이 있기 때문에 힘을 내는 거고."

이 싸움은 어떻게 끝을 맺을지, 싸움의 끝에 무엇이 소멸하고 무엇을 기억해야 할지, 전기 끊긴 농성장에선 감이 잘 잡히지 않는다. 황분희의 자택으로 따라가 본 푸릇푸릇한 텃밭을 보며 이것을 지키기 위한 싸움이면 좋을 텐데, 그런 생각을 했다. 하지만 하나하나 씨 뿌리고 매일 물을 줘서 키워낸 작물과 결별하기 위한 투쟁이다. 평상 위에서 늙어가는 호박과 철을 달리해 키워지는 사과에도 살아온 방식과 방향이 담겨 있을 텐데. 그럼에도 이것들을 이고 원전을 바라보며 살아갈 수는 없다.

세워지면 안 되는 것을 머리맡에 이고 사는 사람들을 알고, 그들의 삶이 때론 많이 슬프다는 것을 안다. 승리하여 보상을 받는다 한들, 45년 살아온 마을을 떠나야 한다면 그때는 또 어떻게 살아온 방식을 바꿔야 하는 걸까. 삶의 방향을 바꾸는 것이 황분희에게만 주어진 과제가 아니라는 것을 알면서도, 그를 걱정한다. 이 사회가 살아내는 방식을 전환하지 않는다면 해결되지 않는 일임을 알면서도, 작은 마을의 승리를 빌어본다.

2부.

우리 싸움은 누가 기억하지?

다른 대학에 다니던 친구가 있었다. 대학에 갓 입학한 우리는 새로운 문화에 적응하느라 분주했지만, 종종 밤늦도록 통화를 하곤 했다. 하루는 친구가 아버지 퇴근이 늦다며 볼멘소리를 했다. 아빠네 계약직들이 회사 앞을 막아서 퇴근을 못 한대. 너무 짜증나. 아마 그때부터였나 보다, 그 친구와 멀어진 것이. 친구 아버지의 귀가가 늦어지던 그때, 더 오래 집에 가지 못한 사람들이 있었다. 회사 앞을 막은 사람들은 한국통신 계약직들. 2001년 그해, 이들은 전국 각지에서 서울로 와 '무기한'이라 이름 붙인 거리 농성을 했다.

회사는 그들의 업무를 도급회사로 넘기겠다고 발표했고 해고될 위기에 처한 계약직 천여 명은 노동조합을 만들었다. 그들이 서울로 온 이유였다. 길을 가다 보면 전봇대 위에서 전선을 만지는 사람들을 볼 수 있었는데 그들이었다. 이들의 농성 장소는 때로 대학이 되기도 해서, 나는 어쩐지 그들을 자주 보게 됐다.

한국통신 계약직들은 도급 전환을 막지 못했다. 손에 쥔 것 없이 길었던 농성을 접었다. 대부분 도급회사로 일자리를 옮겼다. 외환위기라는 거대한 불황을 맞딱트린 사람들은 두려워했고, 그래서 노동시장의 체질을 개선해야 하고, 기업의 경쟁력을 높여야 하고, 일부가 희생해서라도 살아남아야 한다는 목소리에 쉽게 동의했다. 정리해고도, 희망퇴직도 안타깝지만 어쩔 수 없는 일이 되어버렸다. 그런 상황에서 계약직의 고용을 걱정해주는 이를 찾긴 어려웠다.

암담한 현실 앞에서 한국통신 계약직 노동조합은 참 많은 토론을 했던 것 같다. 대학 1학년이던 나는 스쳐가며 보게 되는 논의의 치열함에 숨이 막힐 것 같으면서도, 그 대화에 속하지 못하고 다른 공간에 옹기종기 모여 있던 114 계약직 여성들에게 자꾸 눈이 갔다. 신경이 그쪽에 쏠려 뒤통수가 당겼다.

그렇다고 그 여성들이 내 관심사는 아니었다. 그들은 어딘가 덜 주체적으로 보였다. 말도 잘 하지 않고, 의견을 내지도 않고, 큰 소리 없이 자기들끼리 모여 있는 그 여자들은 내 눈에 '중요해' 보이지 않았다. 신경 쓰였지만 중요하진 않은 사람. 세상이 굴러가는 법을 '노동'이라는 키워드로 먼저 배운 내게 그들은 그리 보였다.

수백 명이 수십 명으로, 파업에 참가하는 사람들이 빠르게 줄어들었다. 그런데도 여성 계약직들은 사라지지 않았다. 규모와 수가 줄었지만, 늘 옹기종기 모여 앉은 모습은 같았다. 농성을 끝내자는 결정을 내린 어떤 회의에서, 나는 지금껏 조용하다고만 생각했던 계약직 여성들이 그래도 더 싸워봐야 하는 거 아니냐고 의견을 내는 걸 들었다. 종종 그날을 떠올렸다. 후에 한국통신 계약직 투쟁에 대해 말하는 글에서 당시 114 여성 계약직들은 "여성이고 비정규직이기에" 참여가 적은 것이 당연했다는 구절을 보았을 때, 고개를 저었다.

저 사람이 어리고, 여성이고, 장애가 있고, 지위가 낮고, 비정규직이고, 그래서 못하는 게 당연하다는 말에 내가 그나마 고개라도 저을 수 있었던 것은, 그 시절 스치듯 본 114 계약직 여성들의 모습이 기억에 남아서였다. 이따금 생각한다. 사람들은 그 여자들을 다 잊었겠지. 나 역시 그네들을 기억할 만한 것을 가지고 있지 않다. 더 보이지 않고, 더 빠르게 잊히고, 더 들리지 않는 목소리가 있다.

2부에서는 무언가에 자꾸 밀리고, 무엇보다 앞서 잊히는 여성들의 싸움을 기억하려 한다. 더불어 '지금' 들리지 않는 목소리는 어디 있는지를 찾았다. 2000년 롯데호텔 직장 내 성희롱 집단소송은 어렵게 낸 목소리였다. 그전에도 그 후에도 어렵게 끌어올린 목소리들이 존재한다. 그 목소리가 지금, 놓인 자리를 찾았다. 내가 찾아간 곳은 용화여고였다. 6년 전 그날에 용화여고 창문에 등장했던 '미투ME TOO'가 잊혀지지 않으려면 무엇이 필요한가, 고민하는 사람들이 있었다.

이어 "우리가 싸운 건 아무도 몰라"라고 하는 한국통신 114 (정규직) 여성들과 "우리 이야기는 먹히는 이야기가 아니거든요"라고 하는 지금의, 콜센터 여성들의 이야기를 다룬다. 이들 사이에 놓인 20년이란 세월의 간극을 세상의 변모 속에서 풀어가고자 한다.

1.
우리가 구호를 외쳤잖아요[60]

롯데호텔 파업과 성희롱 집단 소송 사건

새벽 3시. 대테러진압부대로 알려진 솔개부대를 비롯해 2천 5백 명이 넘는 전투경찰이 롯데호텔 소연회장으로 들이닥쳤다. 연회장 안에는 1천여 명의 롯데호텔 직원들이 있었다. 그들이 의자와 집기로 문을 막고 버텨보았으나 역부족이었다.

당시 사건을 사람들은 이렇게 회상했다. 그날 "연기 탓에 숨이 막혔고" "앞도 볼 수 없었고" "커튼에 불이 옮겨붙었으며" "사람들이 창문에 살려달라고 SOS를 썼다."[61] 비명과 울음 속에서 둔탁한 소리가 간헐적으로 들려왔다. 쇠 곤봉이 사람 몸을 때리는 소리였다.

> 2층에서 자고 있던 우리들은 (새벽) 세 시경 공권력이 들어올지 모르겠다는 말을 듣고 36층으로 이동했습니다. (…) 경찰들이 문틈으로 섬광탄과 연막탄 등을 쏴서 앞을 볼 수

---

60 희정, 〈호텔 직원들이 쓴 대자보에서 시작된 '성희롱 집단소송'〉, 《일다》, 2021.8.18.
61 김소연, 〈아름다운 저항 2.0 "2000년 6월 29일 순수는 짓밟혔다"〉, 《사람매거진 '나·들'》 14호, 2013.12.

가 없었고 숨을 쉴 수가 없었습니다. 제 눈앞에서 경찰이 남자 조합원을 곤봉과 군화발로 때리는 모습을 보고 전 잠깐 실신하였습니다. (…) 남자의 머리에 피가 흐르고 실신하여 그 사람의 몸이 꼬이기 시작했습니다.[62]

1980년대 군사독재정권 시절 이야기가 아니다. 밀레니엄 시대라는 말이 나오던 2000년 6월 29일의 일이다. 전투경찰 투입 목적은 노동자들의 파업 대오를 해산하는 것이었다. 롯데호텔 파업 21일째였다. 날이 밝자, 언론은 지난밤의 폭력을 전했다.

〈마구잡이 파업 진압 공권력 남용 심각〉, 《문화일보》, 2000년 6월 30일.

〈경찰 술 먹고 롯데호텔 노조 농성 진압〉, 《MBC》, 2000년 7월 1일.

음주 의혹이 제기될 정도로 마구잡이 폭력이었다(전투경찰이 머물던 호텔 객실 미니바의 주류가 모두 사라진 것을 직원들이 발견해 제보했다). 특히 사회적 공분을 산 것은 '임신부 폭행'이었다.

롯데호텔 농성장에는 임신부가 10여 명이나 있었음에도 불구하고 진압경찰은 연막탄과 분말소화기를 뿌려대며 살

---

62 〈롯데호텔 파업 및 경찰 진압 과정에 대한 진상조사 보고서〉, 《롯데호텔 파업 백서》, 민주노총, 2000.

인적인 폭력 진압을 자행했다. (…) 임신부에게까지 이러한 폭력 진압을 감행할 수 있단 말인가! 최소한 모성보호조차도 짓밟는 경찰의 폭력 진압 앞에서 우리 여성 노동자들은 망연자실할 뿐이다.[63]

경찰청은 임신부 폭행 사실을 극구 부인하며, 식은땀을 흘리고 있는 임신부가 있길래 '안전하게' 이동시켰다고 주장했다. 그러나 당사자인 임신부의 피해 증언이 이어졌다. 목격자도 적지 않았다. 이날 연행자가 1,125명. 부상을 당한 이는 30명이 넘었다. 화상을 입고 머리가 깨지고 다리가 부러졌다. 이 혼란 속에서 배 속의 아기가 무사한 것은 천운이었다. 그 행운이 비껴간 이도 있었다.

밥이나 하지 왜 나와서

내가 이날의 광경을 그릴 수 있는 것은 사건 발생 직후 '민주사회를위한변호사모임'에서 진압 과정을 조사해 남긴 보고서 덕분이다. 20년이 지나 그 자료를 보게 됐다. 읽는 내내, 잔혹한 폭력에 놀라고, 직권 남용에 분노하고 '그래도 되는' 권력 앞에 무기력해졌다. 과잉진압 건으로 징계를 받은 이조차 없었다.

63 〈롯데호텔 폭력진압에 대한 한국여성단체연합 성명서〉, 2000.6.30.

임신한 여성들이 전투경찰에게 들었다는 말도 있었다.

"아줌마는 집에서 태교나 해라."

"집에서 밥이나 해서 처먹지 왜 나와서."

세상 쉽게 변하지 않는구나. 지금도 지하철 임산부석을 두고 소란이 일면 듣게 되는 말이다. 그 몸으로 왜 나왔냐. 집에나 있으라 한다. 밥도 그냥 먹으라 하지 않는다. 꼭 '해서' '차려' 먹으라 한다. 공적인 공간에서 임신한 여성은 있어선 안 될 사람 취급당한다. 눈에 보이면 불편하다고 화를 낸다. 마치 그날의 전투경찰처럼.

어디에 있건 임신한 여성은(아니 대다수 여성이) '집사람' 취급받는다. 그가 일하고 사회와 관계를 맺으며 살아간다는 사실은 가볍게 지워진다. 롯데호텔 노동자들이 21일째 머물던 파업 현장은 직장생활의 연속이었다. 당연히 그곳에 여성 직원들이 있었고, 그 수가 400명에 달했다. 임신한 여성도 직원이자 노동조합의 조합원이었다. 하지만 정부도, 경찰 투입에 동조한 롯데호텔 측도 '임신한 여성'을 염두에 두지 않았다. 임신한 이에 대한 '보호 조치'는커녕 존재조차 떠올리지 못하는 듯했다.

그런데 임신한 사람을 없어야 할 사람으로 취급하는 일이 과연 '평온했던' 시절의 일터에선 없었는지, 의심을 지울 수 없었다. '산란기'라는 말을 들었기 때문이다. 20년이 지나도록 롯데호텔 노동자들이 기억하는 말이 있다.

"요즘 산란기야? 왜 이렇게들 임신을 해."

모 임원이 임신한 여성 직원들을 가리켜 한 말이라고 했다. 가해자의 인성뿐 아니라 일터가 임신부 노동자를 어떤 시선으로 보는지 보여주는 대목이다. 하지만 '농담'이라 했다. 농담으로 하는 소리이니 당시에는 아무런 '문제'가 되지 않았다. 이 말이 문제로 인식된 것은 한참 뒤였다. 롯데호텔 파업이 없었다면, 평생 오지 않을 순간이었다.

호황 속 인력 감축

IMF 외환위기의 여파가 이어지던 2000년, 정리해고와 아웃소싱이라는 단어는 이제 국민 모두에게 익숙했다. 이 모든 것이 경기 회복을 위해서라고 했다. 하지만 백화점 명품관은 고객들로 가득 찼고, 환율 차액으로 인해 면세점 쇼핑이 인기를 끌었다. 한국을 찾은 해외 관광객이 처음으로 5백만 명을 넘은 해이기도 했다.

관광산업은 때아닌 호황을 누렸다. 그러나 호텔 직원들에게 돌아온 것은 보너스가 아니었다. 그들 앞에 상여금 반납 동의서가 놓였다. 정리해고가 만연했다. 제한 요건이 있는 정리해고에 앞서 시행되는 것은 희망퇴직 신청. 그리고 기업 사이에서 유행처럼 번지던 '부부 사원 희망퇴직'도 있었다. 부부 중 한 명이 희망퇴직을 해야 한다면, 어떤 성별이 나가야 하는지 빤한 사회에서 이 권고로 인해 수많은 여성이 직장을 잃었다.

매년 고객 수를 갱신하고 있던 롯데호텔과 면세점에도

인력감축 시도가 있었다. 이 시기 크게 늘어난 비정규직 직원이 있기에 가능한 일이었다. 회사는 노조에 계약직 비중을 늘리는 데 동의할 것을 요구했다. 1999년에 이미 호텔 직원 2천8백여 명 중 비정규직 직원 수가 절반을 넘겼다. 불안이 커지자 직원들은 일을 멈추지 않을 수 없었다. 롯데호텔과 면세점 직원들은 파업을 한다. (당시 롯데호텔과 면세점은 하나의 계열사로 노동조합 또한 '롯데호텔노조'로 통합되어 있었다.)

2000년 6월 10일, 파업에 참가한 천여 명이 롯데호텔 앞마당을 가득 메웠다. 4성급 호텔 앞마당에 붉고 검은 현수막들이 여기저기 걸렸다.

"파업 다음날 가족 여행이 잡혀 있었던 거예요. 어떻게 하지? 하는데 동료가 옆에서 '야, 그거 새벽에 끝나. 하루면 돼.' 이러는 거예요. 칫솔만 하나 가지고 간 거죠."

이때를 회상하던 조합원 최미숙(현 롯데면세점노조 회계감사)의 말이다. 입사 11년차이던 그는 인생에서 파업이 처음이었다. 가족들에게 내일 보자고 인사하고 롯데호텔로 향했다.

"그날 저녁에 안 끝났어요. 농성 들어간 첫날 새벽에 다 호텔 앞으로 나오라고 하는 거예요. 가슴이 두근두근한데, 또 다 모여 있으니까 믿는 구석이 있는 거예요. 천 명 넘게 있으니까."

하루면 될 줄 알았던 74일 파업의 시작이었다.

"다음날 가족들에게 전화해서 내 짐 좀 싸달라고 말했

죠. 나는 공항으로 바로 갈게. 다음날 또 연락해서 내일 갈게, 먼저 가 있어. 비행기표를 계속 뒤로 미루다가 결국 못 갔죠. 나중에 가족들이 제주도 귤 한 박스를 농성장에 주고 가더라고요."

호텔 앞을 24시간 지켜야 했다. 그 시간을 메울 크고 작은 프로그램이 준비됐다. 면세점으로 침묵시위도 가고, 호텔이 자리한 중구 일대를 행진하기도 하고, 호텔 야외 주차장에 세운 농성장에서 율동을 배우고, 어느 날은 노래 가사를 바꿔 만들어 부르며 시간을 보냈다. 옆 동네 노동조합에서 연대를 오고 저녁이면 문화제를 했다. 파업 3일 차, 노동조합 파업 일지에는 소박한 프로그램 하나가 적힌다.

〈2000. 6. 12. 대자보, 호텔 벽면 부착〉

대자보란 요구를 써서 붙이는 벽보였다. 이 벽보가 가져올 파장을 그땐 아무도 몰랐다.

"파업을 하면 대자보 같은 거를 붙이잖아요. 부당하게 생각하는 것을 써보자. 회사가 이랬다. 상사가 저랬다. 개선해달라. 써서 호텔 앞에 쭉 붙였어. 그런데 다른 노조랑 사람들이 와서 보더니, 이거 심각한데? 이러는 거예요."

수십 장의 대자보를 가득 메운 것은 그동안 지배인과 부서 팀장 등 직장 상사들이 가해온 성희롱이었다. 당시 금속연맹(민주노총 금속노조가 산별노조로 전환하기 전 명칭) 여성국장 임혜숙은 그때를 이렇게 기억한다.

"2000년도에 롯데호텔 파업 투쟁이 일어났고. 그 과정에서 노조 간부들이 그런 이야기가 막 나온다면서, 성희롱 예방교육을 해달라고 의뢰가 왔어요. 노상에서 교육을 했어요. 호텔 들어가기 전 주차장에 텐트를 치고 농성하는 데서. 성희롱 예방교육 끝나고 조합원들에게 A4 용지를 나눠준 거죠. 회사 다니면서 자신이 들었거나 경험했던 성희롱이나 성폭력을 적어달라. 그래서 그거를 다 모았는데 내용이, 너무 심각했어요. 양도 되게 많고. 이거는 그대로 두면 안 되겠다. 그렇게 대응팀이 만들어진 거죠."

그 자리에서 접수된 성희롱 사례는 150여 건. 사태의 심각성을 느낀 노동조합은 바로 다음날 실태조사에 들어간다. 10명 중 7명꼴로 성적인 농담, 비유, 외모 평가를 들었다고 했다. 회식 자리에서 블루스 추기 강요 등과 같은 신체 접촉 요구도 빈번했다. 노동조합은 여성·사회단체들과 함께 '롯데호텔 성희롱 대책위원회'(이하 대책위)를 꾸린다.

농담과 유희가 '문제'로 규정되는 순간이었다. 그간 쉬쉬하거나 개인 일로 치부된 것이 일터를 벗어나, 여자들이 모여 말하는 자리가 생기자 '직장 내 성희롱'이라는 이름을 얻었다. 이 명명은 국내 처음이자 유일한 '직장 내 성희롱 집단 소송' 사건으로 이어진다. 호텔 직원들이 수년간 일상적으로 당한 성희롱은 언론의 관심을 끌었다. '특급호텔에서 벌어진 성희롱'이라는 타이틀을 달고 보도됐다. 이 말이 덧붙여졌다. '사상 최대 성희롱 집단 소송'.

더 구체적인 예를 들어달라

2000년 7월, 대책위는 노동부 진정과 손해배상 소송에 들어간다. 노동부에 진정을 넣은 사람이 327명이다. 파업에 참가한 여성 조합원이 600여 명이었으니, 절반이 넘는 수였다. 이중 270여 명은 집단 민사소송(손해배상)에도 함께한다.

피해자들이 요구한 손해배상액은 총 17억6천만 원. 소송 대상에는 가해자 12명의 상사뿐 아니라, ㈜호텔롯데와 관리 책임이 있는 대표이사 4명도 포함됐다.

법정 소송을 지원하던 노조 활동가는 피해 사례가 너무 많아, 엑셀 파일로 진술을 정리하는 데만 꼬박 하루가 걸렸다고 기억했다. 이토록 많은 사건이 그동안 알려지지 않았다.

롯데호텔 측은 알려진 바 없으니 '없던 사실'이라 했다. 경미한 사안을 노조가 부풀려 '회사 잡는' 무기로 사용한다는 것이다. 음모론. 어디서 많이 들어본 소리다. 당시 회사의 주장에 맞서 대책위 위원장을 맡은 박정자는 이리 답했다.

예전에도 성희롱이 상부에 보고된 적이 있어요. 피해자가 진짜 큰 마음 먹고 밝힌 경우인데, 가해자는 그대로 두고 피해자만 열악한 부서로 옮겨졌어요. 그런 경우가 발생하

니까 피해자들이 침묵할 수밖에 없었죠.[64]

가해자가 아니라 피해자를 이동시켰다. 의아한 일이다. 그런데 이 인터뷰를 진행한 논객은 다른 것도 궁금해했다.
"근데 회식 때 어쨌기에 그런 거죠?(웃을 때가 아닌데 모두 웃음)"[65]
인터뷰어(김어준)의 다른 질문도 비슷했다.
"더 구체적인 예를 들어주십시오."
"임○○(가해자)의 사례는? 낱낱이."
낱낱이 듣길 원했다. 여성들이 말하기도 싫어 '없던 일'처럼 여겼다고 말한 사건을 반복해 물었다. 특정 언론인의 문제만은 아니다. 당시 많은 언론이 '어떤 성희롱을 받았는가'에 주목했다. '어떤 성희롱'임을 말하지 않고는 처벌과 대책을 언급할 수 없는 것처럼 굴었다. 끈덕지게 묻고 대답을 들었다. 당사자들이 말하지 못한 이유가, 바로 여기 있었다.

호텔 측에서 성희롱 사건이 드러난 원인으로 '파업'을 지목한 것은 일정 부분 맞는 말이다. 일을 멈추는 파업이 아니었다면, 매일 마주치는 사람을, 그것도 상사를 고소하긴 어려웠을 것이다. 파업 이전에도 이미 성희롱 피해 사실을 회사에 알리며 가해자와 분리를 요청한 직원들이 있었지만, 회

---

64 고경태 글, 김어준·김규항 진행, 〈쾌도난마_롯데호텔은 성희롱의 천국이었다〉,《한겨레21》322호, 2002.8.16.
65 앞의 글.

사는 사건을 알린 피해 당사자를 치웠다. 그렇게 사건을 숨겼다.

하지만 2000년 호텔 여성 노동자들이 집단 소송을 하자 더는 숨길 수 없게 됐다. 270여 명의 여성 노동자들은 소송 대상으로 ㈜호텔롯데 법인을 지목했다. 2년 후인 2002년 11월, 서울지방법원은 롯데호텔 측과 가해자들에게 총 2,700만 원의 손해배상을 지급하라는 판결을 내렸다.

> 그 행위 과정이 사업주의 지배 관리하에 있다고 볼 수 있는 이상 (…) 회사가 업무의 연속선상에 있다고 보이는 야유회 등 공식적인 자리에서 (…) 적절한 개선책을 마련하지 않고 방치한 사실이 인정된다.[66]

일부 인정이긴 하지만, 직장 내 성희롱에 있어 회사의 책임을 법으로 인정하는 의미를 지닌 판결이었다. (법원은 임원이 주관한 회식에서 벌어진 성희롱은 회사 책임을 인정하나, 지배인이 주관한 회식엔 회사 책임을 인정하지 않는 등 소극적인 판단을 했다.)

노동부도 호텔롯데 법인에 당시 법정 최고액인 300만 원의 과태료를 부과한다. 남녀고용평등법 제8조(직장내성희롱의 예방) 위반에 따른 것이다. 법은 사용주가 직원이 동등하고 안전하게 일할 환경을 만들 의무가 있다고 명시하고 있

---

66   서울지방법원 제18민사부 판결문.

다. 하지만 롯데호텔은 1999년 법으로 의무화된 '직장 내 성희롱 예방교육'조차 이행하지 않았다. 롯데호텔만이 아니었다. 그해 노동부 조사 결과를 보면, 전국 100인 이상 사업장 502곳 중 성희롱 예방 교육을 실시하지 않은 사업장은 172곳. 세 곳 중 한 곳은 법을 준수하지 않았다.

몇 년 지나면 나갈 직원들

1990년대 들어 서비스 산업이 성장하며 '직장 여성'들도 늘었다. 이들의 직장은 '더 고분고분하고, 친절할' 것이라 기대되는 성별을 고용하면서 조건을 붙였는데, 바로 '미혼'이었다. 결혼하면 회사를 나가야 하는 분위기였다. 아무리 정규직일지라도 여성들은 5년 이상을 버티기 힘들었다. (1999년 성인지 통계에 따르면 여성 평균 근속연수는 4년이다.)

기업은 5년 뒤엔 나갈 직원에게 비용을 들일 생각이 없었다. 성희롱 예방교육에 시간과 돈을 쓰려하지 않았다. 교육만이 아니다. 인사관리 방식, 작업시설, 비품 등 직장의 모든 기준은 '남성의 몸과 감각'에 맞춰져 있는데(주방 싱크대가 여자 키에 맞춰져 있는 것처럼), 이를 '돈 들여' 변경하거나 고칠 생각이 없었다.

어쩌면 롯데호텔 집단 소송은 사업주들에게 이 사실을 각인시켰을지도 모른다. 이렇게 회피만 하다가는 더 큰 비용이 발생할 것임을. 성희롱이라는 단어가 기업명과 함께 언론에 나가 기업 이미지가 실추되고 소송 비용까지 들어간다는 사실을 확인시켰다.

"이 사건이 굉장히 큰 영향을 미친 거죠. 기업에서 1년에 한 번씩 성희롱 예방교육을 해야 했는데, 다들 할 생각이 없던 거예요. 첫해 시행률이 낮았어요. 그런데 롯데호텔 문제가 알려지면서 예방교육을 의무적으로 해야 한다는 인식이 잡힌 거예요. 그때부터 노동조합(민주노총)에서도 성희롱 예방교육을 하기 시작했던 것 같아요. 그렇게 직장 내 성희롱 문제를 서로 확인하고 인식하게 된 계기가 된 거죠."

임혜숙의 말처럼 '문제'가 되자 기업은 그제야 해결하는 시늉이라도 보인다.

여성들을 '물갈이'하며 문제가 없는 척 버티는 일은 더는 가능하지 않았다. '나가지 않는' 여성들이 있었다. 성희롱 사건에 대한 문제 제기는 단지 파업 중이라 가능했던 것이 아니다. 파업이 언젠간 끝난다는 것은 누구나 안다. 일터로 돌아가 가해 상사의 얼굴을 봐야 한다. 그럼에도 롯데호텔 여성 직원들이 집단 소송을 감행할 수 있었던 것은 나가지 않고 버텨준 여성들 덕분이었다.

"큰애를 1998년에 낳았는데, 선배 언니들은 결혼하거나 임신하면 그만두는 거였어요. 근데 90년대 중반부터 약간 변화가 생겨서 이제 결혼을 하거나 임신해도 계속 다니는 분위기가 생겨났죠. 그만둬라, 이러지는 않았던. 저희가 과도기였던 거 같아요. 아마 다른 사무직군들은 그 당시에도 결혼하면 나가야 했을 거예요."

롯데호텔 산하 면세점 직원이었던 김금주는 당시 근무 환경을 이렇게 기억한다. 오래 다닌 여자 선배들이 없었다. 결혼, 임신, 출산이라는 세 가지 관문을 넘기가 힘들었다. 파업을 진압하러온 경찰들마저 임신한 여성을 보고 "집에나 있지" 하는 세상이었다. 그런 세상에서 매일 같이 출퇴근을 해야 한다. 그럼에도 1990년대 중후반이 되자 '그만두지 않는' 여성들이 점차 늘었다. 출근을 한 이유는 저마다 달랐겠지만 무엇이 이유건 버텼다. 김금주는 이제 35년차 직장인이다. 이후 롯데면세점 노조 위원장을 역임했다.

아무리 입을 막아도 말하는 여성들이 있고, 아무리 내보내려 해도 나가지 않는 여성들이 있었다. 1990년대 후반 당시 어느 직장이건, 임신해도 그만두지 않던 선배를 원망하다가 본인이 임신을 하면 저 선배가 '눈칫밥' 먹으며 버텨준 덕에 자신도 다닐 수 있음을 깨달았다. 그렇게 하나둘이 남아 여럿이 되면, 임신부에 관한 매뉴얼이나 사내규칙이 변경됐다.

"그때는 몰랐는데. 우리가 대단한 일을 한 거였어요. 임신하고도 회사를 계속 다니고 그런 것이, 나중에 보니."

피해자는 '어린 계약직'이 다수

성희롱 피해 진술서를 가득 채운 이는 나이가 어리고 근속이 짧은 계약직 직원들이었다. '정규직 전환'이라는 인사

권은 가해자들의 강력한 무기였다.

"성희롱을 비롯한 대다수의 범죄는 호락호락한 상대를 대상으로 발생하기 마련이다."[67] 이때 호락호락하다는 것은 개인의 취약성을 말하는 것이 아니다. 직장 내 위치와 관계를 의미한다. 계약직, 나이가 적은, 여성이 성희롱에 더 자주 노출될 가능성이 높은 건 구조의 문제다.

"남성 근무자가 다수일수록, 가부장적 문화가 팽배할수록, 작업속도가 빠르고, 저녁 근무가 많을수록, 그리고 비정규직으로 고용된" 일터일수록 성희롱 피해가 많이 발생한다는 연구 결과도 있다.[68] 직장 내 성희롱은 너무도 분명하게 고용의 위계와 직업 환경으로부터 파생되니, 집단 소송도 계약직 여성 직원들만이 짊어져야 할 책임일 수 없었다.

> 처음에 진술서를 받을 때 피해자들이 어린 계약직들로 나타났단 말이에요. 이거 터뜨려서 우리만 다 잘리는 거 아니냐는 두려움이 굉장히 많았어요. 모여서 회의를 했죠. 그래서 우리도 선배로서 함께 책임을 가지고 다 소송인으로 가자고 한 거죠. 이런 사업주와 간부를 이제까지 방치한 우리도 책임이 크니까요.[69]

---

67 송민수, 〈직장 내 성희롱은 왜 발생하는가? 그리고 피해자들은 어떤 어려움에 처하는가?〉,《월간 노동리뷰》, 2018.3.
68 앞의 글.
69 〈쾌도난마_롯데호텔은 성희롱의 천국이었다〉,《한겨레21》 322호, 2002.8.16.

단지 선배가 후배를 도와준다는 말이 아니다. 버티며 자기 자리를 힘겹게 유지한 여성들이, 앞으로도 꽤 오랜 시간 다닐 회사의 '문제'를 함께 해결하려고 나선 것이다.

최미숙은 파업의 성과를 이렇게 말했다.

"파업 성과요? 내가 노동자라는 걸 알았다는 거? 그게 제일 큰 거 같아요."

이들은 파업을 통해 자신이 '일하는 사람' 즉 노동자임을 자각했다고 했다. 자각한 사람은 본인만이 아니다. 파업과 같은 쟁의행위는 관리자의 눈에도 '일하는 사람'을 보이게 만든다. 동시에 일하는 사람들도 서로를 본다. 롯데호텔 파업 3일 차, 노동자들이 한데 모여 회사의 문제를 알리는 대자보를 썼던 날, 그렇게 모여 앉았을 때 정직원 여성들의 눈에도 '계약직 여성'들이 보였다. 그리고 함께하기로 했다. 그 결과는 앞서 밝힌 것처럼 국내 최초 직장 내 성희롱 집단 소송이었다. 그리고 승소했다.

> 서울지법 민사합의18부는 26일 롯데호텔 여직원 40명이 "회사 임직원에게 상습적으로 성희롱을 당했다"며 회사와 임직원 등을 상대로 낸 손해배상 청구소송에서 "피고들은 원고 19명에게 모두 2,900만 원을 지급하라"며 원고 일부 승소 판결하고, 원고 21명에 대해선 청구를 기각했다.[70]

---

70 오유신, 〈"직장性희롱 회사도 일부 책임" 롯데호텔 여직원 19명에 2,900만 원 손배판결〉, 《국민일보》, 2002.11.26.

법원은 롯데호텔 직장 내 성희롱 문제에 있어 회사의 관리 책임과 가해자들의 범법을 일부 인정했다. 당시로선 고무적인 일이었다. 민주노총을 비롯해 여러 시민사회 단체들은 "호텔롯데 성희롱 회사 배상책임 판결을 환영한다"는 취지의 성명을 냈다. 이 판결이 "직장 내 성희롱 추방 계기 되길" 바라며 "회사 책임 범위를 더 넓혀야" 한다는 말을 덧붙이는 것을 잊지 않았다.

그런데 판결문에 이상한 점이 있다. 분명 법정 투쟁을 시작할 때는 소송인이 270명을 넘었다. 하지만 2년 후인 2002년에 나온 판결은 40명의 원고만을 언급하고 있다. 230명가량 차이가 난다.

230명은 어디로 갔을까

2000년 8월 22일, 롯데호텔 노동자들은 74일간의 파업을 마무리하고 일터로 돌아간다. 6월 29일 강제진압을 당한 이후에도 명동성당으로 자리를 옮겨 40여 일을 더 싸운 것이다. 임금 10퍼센트 인상, 단체협약에 노조 활동 탄압(일반중재) 조항 삭제, 입사 3년이 지난 계약직 직원 정규직 전환 등이 파업의 결실이었다.

파업을 이유로 회사가 해고한 이들도 대다수 복직된다. 다만 위원장을 포함한 노조 집행부 5명은 복직 대상에서 제외된다. 기나긴 파업을 겪은 노조는 지도부를 지켜내지 못했다. 그러나 해고된 계약직 직원들은 지켜냈다. 파업 참가를 이유로 회사는 130명의 계약직 직원들에게 계약해지를 통보했지만, 노조는 이들을 모두 복직시켰다.

롯데호텔과 노동조합은 복귀를 앞두고 파업 기간 동안 서로를 고소고발한 내용을 철회할 것을 약속한다. 그런데 노사 합의에도 불구하고 철회되지 않은 소송이 하나 있었다. 바로 직장 내 성희롱 집단 소송이다.

"보통은 파업을 마무리하면서 고소고발한 거를 노사가 클리어하게 취하하고 들어오잖아요. 근데 성희롱 문제는 그렇게 맞바꿔 먹으면 안 된다 해서. 취하를 안 하고 들어온 거예요."

직장 내 성희롱 건은 파업과 별개의 문제라, 교섭 테이블에서 협상할 문제가 아니라는 의견이 노조 안팎에서 나왔다. 그 덕에 소송은 취하되지 않았다. 문제는 판결이 나기까지였다. 일터로 복귀한 여성들은 자신이 고소한 상사와 한 부서에서 일해야 했다. 호텔은 성희롱 가해자로 지목된 이와 피해자를 분리할 생각이 없었다. 출근은 매일 해야 하는데, 판결은 수년 후에 나온다.

"파업 직후라, 회사가 파업 참가자들을 탄압하는 분위기였어요. 그래서 (직장 내 성희롱) 피해자들도 분리 조치가 안 된 거고. 회사가 쓸 수 있는 카드가 인사고과잖아요. 문제 제기한 여성 직원들은 진급 안 시키고. 이런 게 눈에 보이는 거죠. 직원들이 대책위에 소송을 취하하러 노조에 오기 시작했어요. 아니면 혼자 몰래 취하를 하거나."

사무실 내부에서 은밀히 일어나는 불이익과 눈총을 견디지 못했다. 성희롱 문제에 입 다문 동기가 자신보다 높은 고과를 받고 승진하는 일을 봐야 했다. 박탈감이 컸다. 그렇게 230명은 소송을 취하한다. 이중 적지 않은 수가 직장을 떠났다.

놀라운 일이 아니다. 옛날 일이라 치부할 것도 없다. 2016년 서울여성노동자회 실태조사 결과는 달라진 것 없는 현실을 말해준다. 일터에서 성희롱을 겪은 여성 10명 중 7명이 퇴사한다고 했다. 심지어 피해자 본인이 폭언이나 파면, 해고와 같은 불이익을 당한 비율도 57퍼센트나 된다.

2021년 직장 내 성희롱 문제로 소송을 해 신고 후 불이익 조치를 한 사업주 유죄 확정(벌금 2천만 원) 판결을 받아낸 이가 있었다. 사업주 처벌이 이뤄진 것이 처음이라 의미 있는 판결이라고 안팎에서 이야기했지만, 사건의 당사자는 승리했다는 안도감과 함께 불안을 전했다.

> 주변에서는 "그래도 민사소송에서는 우리 측 주장이 모두 인용되고 형사소송도 회사에 최고 벌금형으로 종료되어 속시원하지 않냐"며 축하의 말씀을 하십니다. 그러나 회사의 괴롭힘에서 오히려 저를 보호해주는 방패막이 되었던 소송이 종료된 것이 저는 두렵기만 합니다. 회사가 또 어떻게 저를 괴롭히기 시작할지 모르기 때문입니다.[71]

---

71 〈르노삼성자동차 성희롱〉 8년 만의 최종 판결-안전한 일상을 위한 싸움

그럼에도 싸운 까닭은 "사내 성희롱을 신고해도 다시 일상으로 돌아갈 수 있는 세상을 만들고 싶은" 마음에 있었다. 이 마음을 지키고, 다가올 불안을 잠재울 방안은 '함께하는 것'일 수밖에 없다. 2018년 국내에서 미투 운동이 벌어진 이후, 반복적으로 깨닫는 교훈이다. 롯데호텔 대책위 활동에서 아쉽게 평가되는 지점이기도 하다.

"복귀 후 대응책을 촘촘하게 짜지 못한 한계가 있었던 것 같아요. 노동조합이 적극적으로 소송 과정이나 조합원들에게 가해지는 불이익을 계속적으로 모니터링했어야 하는데. 그게 힘들었고. 조합원들이 피해 사례를 직접 신고할 수 있게 하고 그에 따른 대응을 대책위를 통해 마련하는 시스템을 만들지 못한 점이 안타깝죠."

대책위 활동을 같이 한 임혜숙은 성과와 아쉬움이 공존하는 그때의 활동을 돌아봤다. 노조가 아무 대책 없이 노사합의를 하고 복귀했던 것은 아니었다. '성희롱 피해자에 대한 기본적인 보호 조치, 가해자에 대한 징계위원회 회부 등 처벌 규정' 등을 명시한 별첨 합의문이 있었다. 하지만 이것이 제대로 이행되는지 지켜볼 '현장'의 힘이 부족했다. 당시 노동조합은 파업을 주도한 지도부를 잃었다. 이 어려운 처지는 노조 안에서 '여성 문제'라 여긴 대책위의 활동을 후순위로 미루는 작용을 했을 것이다.

은 계속된다〉, 르노삼성자동차직장내성희롱사건해결을위한공동대책위원회, 2021.7.27.

집단적 대응이 아니었다면 롯데호텔 노동자들은 직장 내 성희롱 문제를 공개적으로 제기할 수 없었을 테다. 마찬가지다. 집단으로 대응하지 못하면 소송 이후 피해는 고스란히 개인이 짊어져야 한다. 그런 경우 개인의 선택지에 '소송 취하'가 놓인다.

우리가 구호를 외쳤잖아요

그럼에도 분명, 롯데호텔에서 성희롱은 '문제'로 취급받았다. 롯데호텔은 더는 여성(노동자)들을 지나칠 수 없게 됐다. 불이익과 탄압을 감수하고 여성들이 사측에게서 얻어낸 것은 '조심할 필요'였다. 위계의 세상엔 "말 한마디도 더 조심하는 사람과 조심할 필요 없는 사람들"[72]이 있다. 파업과 집단소송은 롯데호텔에서 '조심할 필요 없는 사람들'의 수를 크게 줄였다.

집단소송에 따른 불이익을 견디지 못하고 여성들이 직장을 떠났지만, 동시에 롯데호텔은 여성이 오래 근무하기에 상대적으로 괜찮은 직장이 됐다. 단체교섭 협상 자리에 들어가지 않아 불이익을 받아온 면세점 여성 직원들의 임금 인상이 있었고, 여성들의 팀장 진급 시기도 빨라졌다. 출산·육아 휴가도 제재받지 않고 쓸 수 있었다. '그녀'들이 일터를 바꾼

---

72 이라영,《폭력의 진부함》, 갈무리, 2020.

것이다.

파업과 대책위 활동은 이들의 존재를 드러냈다. 세상에 '보여진다'는 것은 권리 투쟁의 첫 선언이다. 일터에서도 마찬가지다. 기업은 투명인간을 사용하여 얻어지는 이윤과 편리를 포기하지 않으려 하고, 그렇게 싸움은 시작된다.

2000년 롯데호텔 여성노동자들은 파업을 하고 직장 내 성희롱 집단 소송을 하는 과정에서 자신의 존재를 증명해냈다. 끊임없이 자신들을 보지 않으려 하는 세상에 대고 외쳤다. 이들의 외침을 들으려 했지만, 나 또한 놓치고 지나친 장면이 있어 가져온다.

전투 경찰이 파업 대오를 해산하겠다며 새벽에 쳐들어온 이야기를 들은 나는 말했다.

"얼마나 무서우셨을까요."

김금주는 말했다.

"걔네들이 들어와서 너무 무서웠어요, 그때는. 그랬는데 진압을 당하고 저희도 이제 걸어서 내려와야 하잖아요. 한 줄씩. 솔개부대가 중간중간 서 있는 계단을 36층부터 걸어 내려오는데. '야 이거 뭐지?' 이런 생각이 드는 거예요. '왜 이렇게 당해야 하지?' 그래서 우리가 36층을 내려오면서 구호를 외쳤잖아요."

분한 마음에 무장한 검은 장정들이 줄지어 선 계단을 내려오며 팔을 치켜 세우고 구호를 외쳤다. 유치장에 들어가서도 억울하다는 생각을 멈출 수 없었다. 점심시간이 되자 이런 밥 못 먹겠다며 '짜장면을 시켜달라' 했단다.

"우린 잘못해서 여기 온 것이 아니니 이런 대접을 받을 이유가 없다고 그랬어요."

그렇게 유치장에서 짜장면 비벼 먹고, 씻고, 조사를 받고, 하룻밤을 잤다. 물론 무섭다. 그 순간 무섭지 않을 사람은 별로 없다. 누군가는 울고, 소리를 지르고, 구호를 외치고, 항의했다. 뭐든 했다. 파업이 아직 끝나지 않았으니까.

그 말을 듣고서야 생각했다. 앞에 있는 이가 남성이었다면, 내가 무서웠겠다는 말을 이토록 쉽게 내뱉었을지. 롯데호텔 파업을 취재하며 강제진압 이야기가 담긴 글을 숱하게 읽었지만, 팔뚝에 힘을 주고 구호를 외치며 계단을 한 발 한 발 밟아 내려오는 여성들을 떠올린 적이 없었다. 누구도 '그녀'들의 이런 모습을 전해주지 않았다.

세상은 보고 싶은 것을 본다. 보고 싶은 것과 다른 모습은 지우거나 치우거나 언급하지 않는다. 롯데호텔 성희롱 대책위 활동에 관한 기억을 듣기 위해 찾아갔을 때, 김금주 씨는 이런 말을 했다.

"얼마나 의미가 큰 투쟁이었는지 직원들한테 알리는 작업을 훨씬 더 공을 들여서 했어야 한다는 생각을 해요. 아쉽죠. 그랬어야 '여기는 성희롱이 발 못 붙이는 사업장이야' 라고 다음에 들어올 여성 사원들에게 당당하게 이야기할 수 있지 않았을까."

이것이 20년이라는 세월이 지난 후에, 롯데호텔 성희롱 대책위 활동을 글로 남기는 이유다.

20년 후
스쿨미투 끝나지 않은 이야기

롯데호텔의 대자보를 보고 용화여고의 포스트잇을 떠올린 것은 당연한 일이었다.

2018년 4월, 용화여고 창문에 "ME TOO", "WITH YOU", "WE CAN DO ANYTHING"이 적혔다. 포스트잇을 붙여 만든 글씨였다. 앞서 졸업생들의 스쿨미투가 있었다. 용화여고 졸업생들은 트위터 등 SNS를 통해 성폭력 실태 설문조사를 진행했는데, 교사에 의한 성희롱·성폭력이 175건이나 제보됐다. 이날의 포스트잇은 졸업생들의 미투를 향한 응답이었다. 2017년 강남역 살인사건을 계기로 도래한 페미니즘 리부트는 한 축에 미투 운동을 두고 있었다. 연극·영화계 등 문화 예술 분야를 시작으로 하여 불거진 미투운동은 어느새 학교 교정에까지 당도했다. 이상할 것 없는 일이었다.

손 내민 이들

중고등학교 시절을 떠올리면 아름다웠다. 푸릇한 교정

과 향이 짙던 등꽃 덩굴, 덕분에 향내 좋던 나무 벤치까지. 그 시절 모든 일상이 아름다웠던 것은 아니지만, 그래도 학교가 좋았다. 그 아름다운 학교에서 누군가 자살을 했다. 학교 옥상에서 뛰어내렸다고도, 교실 책상 위에서 죽었다고도, 와전된 것이며 집에서 목숨을 끊었다고도 했다. 교사들은 없던 일처럼 굴었고, 교실은 어수선했다. 어떤 연유로 생을 마감했는지 모르지만, 학생 뺨을 때려 고막을 터트렸다는 체육 교사와 맞은 학생들이 무릎을 꿇고 빌 정도로 때려놓고도 아이스크림 하나로 퉁 치던 수학 교사가 떠오른 건 우연은 아니겠다. 며칠간 우리는 "뭐라도 해야 하는 거 아니야?"라며 종종 눈을 마주쳤지만 아무것도 하지 못했다. 학생이었으니까. 학생의 본분은 공부라고 했으니. 모두가 충실할 수 없는 그 본분을 따르는 척 살다가, 그렇게 졸업했다. 그런데 그 '뭐라도'를 한 사람들이 있었다. 이들은 포스트잇을 붙였다.

그날 용화여고 창문에 포스트잇이 붙자 응원하는 사람도 있었지만("교생 선생님이 있었는데. 다 우리 학교 출신이니까. 찍어 가시고. 음, 잘했네. 뿌듯해"[73]), 학교에선 '포스트잇을 떼라'는 교내 방송을 했다. 스쿨미투가 거론되자 학교들은 저마다 단속에 나섰다. "이런 미투 운동을 일으키는 사람은 '메갈'이거나 심적으로 약하거나 자존감이 낮은 친구들이며, 사소한 행동을 오해한 것"[74]이라며 훈계를 가장한 2차

---

73 〈애프터 미투〉(박소현 외 3인 감독, 2022)에 나온 대사.
74 전현진, 〈스쿨 미투, 학생들까지 2차 가해〉, 《경향신문》, 2018.9.12.

가해가 교단에서 이뤄졌다. 이대로라면 '학교 안'에서 미투를 외친 이들이 고립될 것이 뻔했다.

하지만 사건이 일어나면 크건 작건 '돕는 사람'들이 생겨난다. 이 불확실한 믿음은 경험에서 기인하는 것인데, 많은 이들이 이 우연에 기댄 경험적 믿음을 쥐고 호소하고 폭로하고 요구한다. 자신의 말에 응답해줄 사람이 있다는 믿음으로.

"서울 노원구에서만 용화여고 포함해서 (염광중, 청원여고 등) 세 학교가 미투 대상에 올랐어요. 지역에 스쿨미투를 지지하는 시민모임이 생겼죠."

손 내민 이들이 있었다. 함께한 이들 중에 '정치하는엄마들'도 있다.

"전국적으로 스쿨미투 운동이 일어나고 청소년들이 UN에 알리기 위해 제네바에 가는 비용 마련을 위해 거리 모금을 시작했는데, 그때 '정치하는엄마들'의 이베로니카 활동가가 모금 활동에 동참하면서 우리도 스쿨미투 운동에 연결됐어요. 처음에는 이렇게까지 사건이 알려졌으니 교육 당국에서 해결하겠지 막연하게 생각했는데, 전혀 아니었어요. 개학하는 3월 되니까 '가해자가 돌아왔다'는 트윗들이 올라온 거죠. 정말 아무것도 안 되고 있었던 거예요."

실제로 용화여고에선 징계를 받은 18명의 교사 중 15명이 교단으로 돌아왔다. 이대로 가면 묻히겠구나, 위기감이 엄습했다. '정치하는엄마들' 김정덕 활동가가 들려준 이야기이다.

"학생들의 고발에 사회적인 화답이 되고 있지 않았던 거죠."

김정덕 자신에게도 말하기 어려워, 문제임을 몰라 그렇게 지나쳐버린 시간이 있었다.

"제가 학교 다닐 때는 성희롱을 겪지 않은 사람이 희박할 정도였어요. 그때는 인지하지 못했지만 학생들이 고발하는 걸 보면서, 굉장한 부채감을 느꼈어요. 내가 당시에는 인권 침해이고 성폭력인지 모르고 지났던 것이 결국, 지금의 청소년들 그리고 내 곁의 어린이가 학교에 가면 겪게 될 일이 됐으니. 이제라도 이들과 같이 해결하지 않으면 안 된다는 생각이 강하게 들었어요."

용화여고의 미투가 졸업생들에 의해 시작되었다고 했는데, 많은 이들이 실은 '졸업생'이었던 것이다. '졸업생'이었던 정치하는엄마들은 스쿨 미투 사건의 고발 내용을 취합해 기록하기로 한다. 온라인을 중심으로 산발적으로 고발과 폭로가 이뤄졌기에 정리가 필요하다고 생각했다.

"고발된 내용이나 가해자들 발언을 아카이빙한다고 했지만, 우리가 그걸 전문적으로 하는 사람들도 아니다 보니까, 소실된 게 많아요. 후회가 되지요. 개인이 고발 계정을 유지하다가 상황이 별로 달라진 게 없고 지치고 위축되니까 없애버렸던 것 같아요. 수집한 내용을 보면 피해 당시 초등학생이었던 분들도 있거든요. 정말 충격적인 발언도 많은데, 누구에게도 해서는 안 되는 발언들을 한 교사들은 대부분 경징계를 받고 교단으로 돌아갔어요. 같은 발언을 대학에서 교수가 하면, 이렇게 쉽게 학교로 돌아오지 못할 거예요. 형평에 어긋나는 일이지요. 아동이나 청소년을 대상으로 하기 때문에 가볍게 다뤄지는 거예요."

고발한 내용에 대한 사회적 신뢰가 없으니까. 그러니 가벼이 다뤄진다. 학생이라 불리는 아동과 청소년[75]은 불안정하고 미숙한 존재라 의심받는다. 그 불신을 이용한 가해자가 있고, 이를 방패 삼아 가해 사건을 보지 않은 사람들이 있다. 세상의 시선은 문제를 앞서 알린 당사자들을 지쳐 떠나게 했다.

"무료 법률지원을 하기 위해 당시 트위터에 있던 고발 계정들에 모두 연락을 취했지만, 안타깝게도 대답은 미미했어요. 그래도 파악한 자료들로 스쿨미투 전국 지도를 만들었죠. 동시에 제주를 제외한 전국 16개 시도교육청에 학교 성폭력 처리내용을 정보공개 청구했고요. 우리가 요구한 것은, 교사의 징계 현황과 학교명이었어요. 학교가 어디인지를 알아야 후속 처리가 어떻게 되었는지를 확인할 수 있잖아요. 그게 비밀이 되면 폭로한 학생이 고립되는 거니까요. 그런데 대부분 교육청이 정보공개를 거부했고, 그래서 행정소송을 진행했어요. 결국 대법원까지 가서 승소 판결을 얻었죠. 3년이 걸렸어요. 정치하는엄마들이 행정소송을 하는 동안 용화여고 당사자들은 법적으로 가해 교사 처벌을 요구했고, 거기

---

75 스쿨미투 게시판에 올라온 사례를 분석해보면, 재학 피해자는 초등학생이 52.9퍼센트, 중학생이 29퍼센트, 고등학생이 22퍼센트를 차지했다.

도 대법원까지 가면서 결국 가해자는 구속이 됐죠."[76]

가해자가 구속되는 과정도 쉽지 않았다. 아까 김정덕이 말했던 '가해자가 돌아왔다'라는 트윗이 올라왔던 그때, 서울북부지검은 가해 교사에 대해 불기소 결정을 내린다. 검찰 조사는 길어지고, 진술에 대한 부담을 느낀 피해자들이 추가 진술을 거부하자 검찰이 불기소 처분을 하려 한 것이다. 이 소식에 노원지역 시민들로 이뤄진 지지모임과 여성인권 단체들은 곧장 검찰에 재수사를 촉구하는 진정을 낸다. 서명운동도 함께했는데, 4일만에 시민 8,244명과 159개 단체가 탄원서에 연대 서명을 했다. 압박을 받은 검찰은 "영상녹화 등을 진술로 활용"하는 등의 제안을 받아들여 수사를 진행, 가해 교사를 기소한다.

시민으로서 동료애를 가지고

지역 시민들의 지지모임의 명칭은 '노원스쿨미투를지지하는시민모임'(이하 노원지지모임). 첫 집행위원장이었던 최경숙이 결성 당시 이야기를 들려준다.

---

[76] 이후 정치하는엄마들은 '스쿨미투 공시제도(초·중등학교의 공시대상 정보에 학교별 성희롱·성폭력 발생 및 처리에 관한 사항을 포함하는 제도)'를 법에 명시할 것을 요구했다. 2022년 스쿨미투 공시제도를 포함한 법안(학교폭력예방 및 대책에 관한 법률 일부개정법률안)이 발의되었으나 국회를 통과하진 못했다.

"한창 미투가 이야기되던 시기였고, 저는 한국여성의전화 회원이기도 하고 '성폭력예방교육 강사' 훈련도 받으면서 그런 일들을 관심 있게 보던 때였어요. 제가 속한 마을주민회에서 우리도 미투에 대해 좀 이야기를 나누면 좋겠다 싶어서, 미투 집담회를 준비 중이었어요. 그러던 4월 6일에 신문에 나온 그 유명한 용화여고 창문사진을 한 활동가가 보내왔고, 지역 사람들하고 이야기를 좀 해봐야 하지 않겠냐고 한 거죠. 그러면서 그 이슈가 저에게는 자연스럽게 들어왔던 거 같아요. 애써서 참석해야지가 아니라 당연히 해야 한다는, 그런 게 좀 있었어요."

그 시기 노원구는 물론 인접 지역인 도봉구에서도 스쿨미투 고발이 터져나온다. 이에 지역 단체 활동가들을 포함해 스무여 명의 지역민들이 자발적으로 모여 긴급회의를 열었다. 2018년 5월, 노원지지모임이 결성된다.

> 노원스쿨미투를지지하는시민모임은 이 운동을 동시대를 살아가고 있는 친구, 선후배, 부모, 이웃, 시민으로서 동료애를 가지고 지지하며 연대하고자 한다.[77]

"우리가 학생들과 함께하고 있다는 걸 알릴 수 있는 방법이 무엇일까. 그래서 처음 한 게 기자회견이었어요. 자발

---

77 〈노원 스쿨미투에 응답하라!〉, 노원스쿨미투를지지하는시민모임 기자회견, 2018.5.3.

적으로 모인 소수이긴 하지만, 지금도 시민모임 톡방에 계신 분들이 서른 명 넘게 있고. 이분들은 언제든 이슈가 생기면 결합할 사람들이라고 생각하고 있어요."

3년이 지나 2021년 9월, 대법원은 가해 교사에게 징역 1년 6개월을 확정한다. 가해 교사가 교단에 서는 일은 없을 것이다. 이날 기자회견에서 최경숙은 "오늘, 이 선고로 인해 우리는 이제야 아직도 안 끝났냐는 말을 듣지 않아도 된다"고 말했다. 덧붙여 이 말도 했다.

"스쿨미투는 끝나지 않았습니다."

사람들은 재판 결과가 나오면, 사건이 일단락되었다고 생각한다. 그러나 작은 민사소송이라도 해본 사람들은 안다. 판정이 내려진 그곳부터 다시 싸움이 시작된다.

"판결이 나기까지가 1단계였다고 생각해요. 이후에는 문제를 해결할 방법을 제도적으로 안착시키고 사람들의 인식 변화를 이끌어내는 작업이 필요하다고 생각하는데, 그게 되질 않았잖아요. 그러니 아직 끝나지 않았다는 생각이 드는 거 같아요."

끝나지 않았다면, 무엇이 남았나.

교육부는 2018년부터 '스쿨미투 실태조사'를 약속했다. 국가 단위의 전수조사[78]가 아닌 일반적인 실태조사 약속이었지만, 이마저도 전국 단위 조사는 2021년 단 한 차례 이뤄

---

78 대상 집단 안의 모든 단위들을 전부 조사하여 모수(모집단의 특성)를 추정하는 방식의 조사.

졌다. 조사 결과마저 언론에 공개하지 않았다. 시도교육청만이 그 정보를 받았다. '스쿨미투 이후 5년'을 취재한 《셜록》에 따르면, 교육부는 스쿨미투 전수조사가 진행되지 않은 이유 중 하나로 '사회적 합의가 필요하다'는 점을 들었다.[79]

교육부의 변명이겠지만, 학교장들이야 당연하고 교직원들도 전수조사를 불편해한다는 이야기를 들었다. 교사를 '잠재적 가해자' 취급한다는 이유도 있었다. 내가 롯데호텔 사건에서 용화여고 미투 사건을 떠올린 것은, 단지 무언가를 써서 붙인다는 행위 때문이 아니었다. 롯데호텔에서 '재계약은 없다'며 엄포를 놓던 관리자와 "생활기록부를 쥔 채로 미래를 망쳐주겠다고 엄포를 놓던"[80] 교사의 모습이 닮았기 때문이다. 모든 교사가 가해자라는 말이 아니라, 교사가 지닌 위력이 존재한다는 말이다.

앞서 "가부장적 문화가 팽배할수록, 작업속도가 빠르고, 저녁 근무가 많을수록, 그리고 비정규직으로 고용된" 일터일수록 성희롱 피해가 많이 발생한다고 언급한 바 있다. 작업속도와 시간을 강요할 수 있는 통제성과 비정규직으로 상징되는 위계, 가부장 문화의 차별. 이 차별과 위계, 강압적 통제가 있는 곳에 성폭력이 있다. 우리의 학교에 이 요소가 없다고 자신할 수 있을까.

---

79 조아영, 〈피해자가 목숨 걸고 싸운 5년… 교육부는 변명만 찾았다〉, 《셜록》, 2023.4.26.
80 손희정, 〈보호받길 원하지 않는 여자들의 목소리〉, 《한겨레》, 2022.10.9.

모르지 않기 위해

"잘 보이지도 못 보이지도 말고, 그냥 안 보여야 한다."[81]
여성으로 중고등학교를 다녔다면, 이 말의 의미를 알 가능성이 크다. 그 눈앞에 안 보여야 뭔 일을 안 당하는 교사들이 있다. 종종 생각했다. 우리는 다 알고 있는 '그 선생의 행위'를 다른 선생님들은 정말 몰랐을까? 우리가 알아서 '안 보였기에' 몰랐던 걸까. 아니면 모른 척했던 걸까. 스쿨미투는, 나에게 그 답을 주었다.

성폭력 사건에는 가하는 사람과 당하는 사람만 있지 않다. '모르고 싶은' 사람들이 있다. 20년 전으로 돌아가면, 롯데호텔에도 가해자 그룹이 섬처럼 따로 있던 것이 아니다. 직장 내 성희롱은 일상적으로 이뤄졌고, 그 일상을 모른 척하던 이들이 있었다. 이들 중에는 정말 '모르는' 사람도 있었을 텐데, 눈을 돌리지 않으면 모르고 사는 것이 가능하다. 그렇게 기수가 탄 말처럼 앞만 바라보고 가는 생활이 이어진다.

관리직군에만 모르고 사는 사람들이 있진 않았을 것이다. 피해 그룹으로 명명된 롯데호텔 여성 직원들, 특히 정규직 여성 직원일수록 모르고 사는 일이 가능했고, 그렇기에 모르고 사는 이도 있었다. 내게 롯데호텔 소식을 전해준 김금주도, 면세점 정규직 직원으로서 그때의 일을 들려주며

---

81 〈애프터 미투〉에 나온 대사.

"몰랐는데 그랬더라고요"라는 말을 반복했다.

그러나 대자보가 등장한 파업은 많은 이들에게 '모르고 살아도 되는' 권리를 박탈했다.

"처음에 진술서를 받을 때 피해자들이 어린 계약직들로 나타났단 말이에요. (…) 모여서 회의를 했죠. 그래서 우리도 선배로서 함께 책임을 가지고 다 소송인으로 가자고 한 거죠."

이것을 개별 여성들의 피해가 아니라, "함께 책임을 가지고" 가야 하는 노동조합의 요구로 세우기까지 박탈과 기회가 엇갈리는 대화가 오고 갔을 테다. 그럼에도 선택했다. 피해 여성들의 동료와 선배들은 불편해서 잊거나 피하고 싶던 일을 직면하고, 모르고 살아도 되는 위치를 주었던 아주 낮은 발판에서 내려와 계약직 동료들과 함께했다. 그렇게 국내 첫 '직장 내 성희롱 집단 소송'이 이뤄진 것이다.

그로부터 20년 후, 국내에 동시다발적으로 스쿨미투에 관한 고소고발과 법정 싸움이 진행됐다. 피해 당사자들은 거짓말쟁이가 되지 않기 위한 싸움을 해야 했다.("거짓말한다고 누명 쓰는 게 너무 싫었어요. 저와 주변 사람들이 전부 피해를 보니까 최소한 거짓이 아닌 것만 밝히자고 생각했어요."[82])

---

82 조아영, 〈"미투한 사람 손들어" 2차가해 뚫고 달려온 스쿨미투 5년〉, 《설록》, 2023.3.30. 이 기사는 충북여고에서 일어난 미투 고발과 이후 법정 소송을 다루고 있다. 당사자는 가해 교사를 상대로 손해배상 청구 소송에서 승리를 거뒀다. "다들 '멋있다', '응원한다' 말하지만, 개인의 고민,

이 각개 분투와 그 분투를 지원하는 각개의 연대 덕에 변화된 것이 있다.

'정치하는엄마들'이 지난 11일 공개한 정보공개 청구한 결과를 보면, 2018년부터 2020년까지 3년간 전국에서 스쿨미투에 연루된 교사는 469명이다. 당시 서울시 교육청만 징계 현황을 공개하였기에 469명의 행방은 알 수 없으나, 서울 소재지만 보자면 48명이 스쿨미투 가해 교사로 징계대상에 올랐고 이중 교단을 떠난 교사는 13명(파면, 해임, 계약해지)이다. 13명에 '그쳤다'고도 13명의 교사를 '교단에 서지 못하게 했다'고도 말할 수 있는 결과였다.

서울시와 부산 등 일부 지자체 교육청은 현재 성 인권 시민조사관을 위촉하고, 핫라인 운영 등을 대안을 내놓았다. 교육청에 스쿨미투 사건이 보고되면 시민조사관이 학교에 파견되어 조사 및 피해자를 지원하는 제도로, 지자체 당 20~30명의 시민조사관이 있다. 최경숙도 몇 년간 시민조사관 활동을 하며 행정적 미비함과 한계를 절감했다. 그럼에도 스쿨미투를 드러낸 학생들 덕분에 교육청 주도로 사건을 해결하는 제도가 마련된 것은 분명하다. 게다가 스쿨미투 운동은 사립학교법 (일부) 개정마저 이뤄냈다.

스쿨미투 사건의 70퍼센트 이상이 교육청 손이 가닿지 않는 사립학교에서 발생한다. 사립학교는 교원징계위원회

가족 간의 갈등을 해소하는 게 얼마나 힘든지 몰라요. 저는 시민단체의 지원이 있어서 재판을 끝까지 진행할 수 있었어요"라고 말한다.

조차 거부할 정도로 폐쇄적이고 독자적인 권한을 가지고 있었다. 하여 '스쿨미투 말하기를 잇는 네트워크 위티WeTee'를 비롯한 연대단체들은 사립학교법이 개정되어야 함을 요구했고, 부족하나마 징계위원회 의무 개시 등이 자리잡혔다.

"스쿨미투가 터지고, 저희가 첫 기자회견을 할 때 열 가지 요구안을 걸었어요. 그걸 오랜만에 다시 보는데, 거기에 모든 게 다 있더라고요. 처음부터 알고 있었구나. 우리에게 무엇이 필요한지."

최경숙의 기억에 따라 그때의 요구 몇 가지를 가져온다.

- 해당 학교와 가해자의 동료 교사, 교육당국은 피해 당사자들에게 사과하라!
- 서울시교육청은 학생, 학부모, 시민·인권단체의 참여 속에 초중고 성폭력·인권침해 실태를 전수조사하고, 폭로된 사건들에 대해 철저한 감사를 시행하라!
- 학교와 교육당국은 학교 구성원 전체를 대상으로 실효성 있는 성평등·성인지 교육을 시행하라!
- 행정기관과 교육당국은 미투 보도 이후 도처에서 심각하게 발생하고 있는 2차 가해 행위들에 즉각적으로 대응하고, 피해자 치유 프로그램과 성폭력 상담창구를 상설화하라!
- 국회와 정부는 사립학교의 폐쇄적이고 부조리한 운영을 방치하는 사립학교법을 개정하라!

목소리가 등장한 순간, 무엇이 필요하고 변화해야 하는지도 함께 말해졌다. 듣고자 하지 않은 이들이 있었고, 그들과 긴 싸움을 해온 것뿐이다.

"스쿨미투를 같이 지지해온 사람으로서, 학생들이 학교가 변화하기 원했던 바람이 이루어지길 저도 바라고. 실질적인 변화를 이끌어내려고 같이 해온 거고요. 그 목소리가 묻히지 않았으면 좋겠습니다."

이제 5년이 지났다. 10년, 20년이 지나도록 둘 수 없다. 안타깝게도 기억의 속성은 잊힌다는 것. 그래서 시간이 그저 흘러가기만을 바라는 이들이 있다.

"뉴스나 기사도 많이 나서 전국적으로 모두 스쿨미투 사건을 알 거라고 생각했어요. 착각이었던 거죠. 시흥여성의전화에서 성폭력 전문 상담원 교육 시간에 스쿨미투에 대해서 이야기하도록 제게 3년째 시간을 주고 있어요. 스쿨미투를 아냐고 물으면, 작년까지는 아는 학생들이 제법 있었어요. 올해는 별로 없는 거예요. 이 학생들이 초등학교 때 스쿨미투 문제를 접했을 테니까. 이제 뉴스로라도 그 사건을 접하고 들은 학생들이 더 줄어들겠죠. 더 많이 알려야겠구나."

기억하는 일이 필요하다. 하지만 기억이란 단순한 기록이 아니다. '무엇을 남길 것인가' 하는 물음이 필요한 일이다. 2020년 한국성폭력상담소에서 진행한 〈미투운동 중간 결산〉[83]은 여러 의미로 '남김'에 대해 생각하게 했는데, 그때의

---

83 동은, 〈후기: 미투운동 중간 결산, 지금 여기에 있다〉, 한국성폭력상담소,

말을 빌려온다.

우리가 힘겹게 만들어낸 처벌의 시간이 우리 공동체와 동시대를 살아가는 우리에게 정말 성찰의 시간이기도 했는가.

이날 자리에 참석한 장혜영 의원을 비롯해 패널들은 '공동체에 남길 무엇' 즉 성찰에 대해 이야기 나눴다.

스쿨미투는 우리에게 징계와 처벌을 결과로 주는 사건이 아니다. 우리는 학교에서 일어나는 일이 학교만을 가리키고 있지 않다는 것을 안다. 학교 울타리 안과 '어린' 학생들만 보고 품을 내줬다 하더라도, 진실을 말한 자가 겪는 부침과 사회적 망각을 보며, 결국 다른 질문을 받아안고 간다.

장혜영 의원은 성찰의 구체적 모습은 "이야기의 형태로 남는" 것이라 했다. 우리는 이 사건들을 "어떤 이야기로 기억하고 표현하고 전달할 것인가".[84] 들리지 않는 목소리를 찾아가다 보면, 그곳에는 '더 들리지 않는' 목소리로 말하고, 증명하기 위해 싸우고, 그로부터 우리에게 과제를 안겨주는 사람들이 있다. 어떤 이야기로 남길 것인가. 얼마 전 스쿨미투를 다룬 영화 〈애프터 미투〉가 일본에서 상영된다는 이야

2022.8.31.
84 앞의 글.

기를 들었다. 우선은 이 반가운 소식을 기억하겠다.[85]

---

85 이 글에선 스쿨미투 제보자이자 당사자인 '용화여고성폭력뿌리뽑기위원회' 구성원들을 따로 인터뷰하지 않았다. 이들은 한동안은 언론사 인터뷰조차 거부했었다. 어떤 순간에는 용기를 내어 다시 카메라 앞에 섰다. 이들이 용기 있게 전해준 목소리는 아래 기사들을 통해 접할 수 있다. 조아영·소장섭, 연재기사 〈#스쿨미투는_졸업하지_못했다〉,《셜록》《베이비뉴스》공동기획, 2023.3.10.

2.
통증에도 위계가 있어[86]

114 한국통신 안내원들의 근골격계 투쟁

근무 중 어깨와 목이 굳어 병원엘 갔다. 적외선 촬영 결과 좌측 목부터 다리까지 부분적으로 혈액순환이 안 되고 있다는 것이었다. 어떻게 보면 뇌졸증 비슷한 증세였으나 뇌에는 전혀 이상이 없고 그래서 의사들은 고심을 했고 그렇게 고민 끝에 만들어진 병명은 디스크 의증이라나. 그 병원에서 8주를 입원했다. 나의 병과의 투쟁은 이렇게 시작되었다.[87]

"입사한 건 1979년도. 그때는 이만 한 책자로 (전화번호를) 찾았어요."

전화벨이 울리면 수화기를 들고 두꺼운 전화번호부 책자를 뒤적인다. 이재숙이 체신부 번호안내원으로 취직한 것은 1979년, 스물한 살 때였다. 앞서 일한 선배들은 전화번호

---

[86] 희정, 〈번호안내원들, 골병을 '직업병'으로 인정받기까지〉, 《일다》, 2021. 12.28.
[87] 한국통신 경견완증후군 환자 수기. 《월간 평등》(1996년, 한국여성민우회)에서.

500개쯤은 능숙히 외워 책자도 보지 않고 안내를 했다.

시외전화를 연결해주던 전화교환원도 같은 체신부 소속이었다. '힘들이지 않고' 앉아서 '목소리만' 사용하는 일이 '여자가 하기엔' 딱이라고 했다. 인기 직업이었다. 그 시절 통신기술학원 광고는 이들의 직업을 이리 소개했다. '문화인의 신직종'.

분명 새로움은 오고 있었다. 1982년 한국전기통신공사(이하 한국통신)가 설립된다. 한국통신은 '1가구 1전화' 시대를 열겠다고 선포했다. 5년 뒤인 1987년, 전국에 전화선이 구축되고 가구마다 전화기가 놓였다. 114 번호안내원이라 불리게 된 '문화인'들은 더욱 바빠졌다.

"진짜 10분만에 밥을 먹었다니까요. 출근하면 내 개인 생활이 없는 거야. 중간에 화장실 가는 것도 눈치 보일 정도였어요."

야간노동과 교대근무에, 전화는 쉬지 않고 울려댔다. 보통 한 시간에 150건에서 180건 정도 콜을 받았다. "안녕하세요. 안내입니다"라는 말을 천 번쯤 뱉어야 하루 업무가 끝났다. 공식적인 점심시간은 40분. 전화벨이 울려대는 가운데 그 시간을 느긋하게 다 누릴 수 있는 강심장은 없었다.

그래도 일이 재미있었다. 이재숙은 그때 일터가 직장이 아닌 '여학교' 교실 같았다고 기억한다. 여자들끼리 모여 10년, 20년을 함께 근무했다. 서로 속사정을 알고 챙기고 그런 재미로 일했다. 동료가 있고 월급이 있기에 일 많은 것은 감수하고 다녔다. 고충이 하나 있다면, 자꾸만 새로운 기술을 배우라는 압박이었다. 통신 기술은 빠르게 변했고, 그에 맞춰 통신장비는 몇 년 단위로 교체됐다. 퇴근하고 학원으로 가는 '시간 외 업무'를 해야 했다.

"입사하고 얼마 안 돼서 우리를 테렉스 학원으로 보냈어요. 내가 동대문으로 학원을 다녔는데, 막 그때가 '전두환은 물러가라' 대학생들이 외치고 데모하고 그런 시절이야."

테렉스는 당시 국제전화 대신 사용하던 정보통신 기기이다. 그런데 새로운 기술은 단지 기술에 그치는 것이 아니었다. 그 기술을 사용해 일하는 사람들의 고용 문제와 직결됐다. 앞서 전국에 자동화된 전화 연결망으로 인해 수많은 전화교환원들이 사라졌다. 더는 읍내나 우체국에 나와 교환원을 통해 연락을 주고받을 필요가 없어진 것이다.

1987년에는 114에 컴퓨터가 보급됐다. 더는 두꺼운 전화번호부 책을 들출 필요가 없었다.

"이제 '서울역' 이렇게 치면 바로 모니터에 전화번호가 뜨는 거예요."

사라진 것은 책자만이 아니었다. 500개 넘는 전화번호를 외우던 베테랑 선배들도 사라졌다. 회사는 통신 변화에 발맞춰 나이가 많은, 아니 연차 높은 여성들에게 퇴직을 강요했다. 컴퓨터가 아무리 빨라도 사람 줄어드는 속도를 따라잡지 못했다. 안내 요청 전화는 폭주하고, 사람은 없고, 업무 압박이 거세졌다. 컴퓨터가 본격 도입된 90년대에도 서울지역 114 안내 응답률은 52퍼센트 밖에 되지 않았다. 게다가 기계는 빠른 일처리를 가능하게 했는데, 문제는 사람도 그에 맞춰 속도를 내야 한다는 거였다.

이들은 이제부터 규정된 처리 시간인 11초 안에 손으로 키보드를 치고 단말기 화면에 나타난 전화번호를 눈으로 확인, 입가의 송화기를 통해 전화번호를 불러줘야 한다.[88]

당시의 기사가 이들의 숨가쁨을 보여준다. 응답 시간이 11초가 넘어가면 컴퓨터에 기록이 남고, 관리자들의 닦달이 이어졌다.

"예전에 전화기였을 땐, 내가 여기서 멈추고 좀 이따가 받고. 그러면 되거든요. 이젠 콜이 자동으로 들어와. 컴퓨터는 카운팅이 다 되잖아요. 내가 하루 몇 통화를 받았는지도. 남들보다 너무 뒤처지면 또 안 되니까. 또 받아야 해."

그러다 골병들었다.

전화교환원, 골병들다

"종일 이렇게 앉아서 (모니터) 올려다보고 (타자를) 치기만 하니, 일한 지 10년쯤 되니까 병이 나기 시작한 거예요. 목에도 통증이 오고. 몸이 맨날 우두둑거리는 거예요. 아파도 그냥, 아픈가 봐 하고 넘긴 거지."

---

[88] 신동희, 〈통신공사 114 안내원 감시〉, 《한겨레》, 1989.3.24.

1994년, 송윤숙은 한 잡지에서 직업병(산재) 인정을 받은 방송국 타이피스트 이야기를 보게 된다. 전화교환원 일을 하다가 114 번호안내과로 옮겨 8년을 다닐 때였다. 하나둘 몸이 고장 나는 게 느껴졌다. 나이가 들어서 그런가 싶었는데, 기사 속 인물의 증상이 자신과 똑같았다.

"근육이 뭉쳐요. 어깨 쪽에 많이. 저는 목이 돌아갈 정도까지 심하게 왔었는데. 근육이 뭉쳐 꼼짝 못 하는 거죠. 나중에는 디스크까지 오더라고요."

모니터를 보느라 목을 앞으로 수그리고, 늘 팔을 책상 위에 올려두어 어깨에 무리가 갔다. 책상 사이가 좁아 자리는 비좁고 불편했다. 그래도 젊었을 때는 괜찮았다. 5년, 10년이 지나니 몸이 한두 곳씩 앓는 소리를 내기 시작했다. '젊었을 때는 괜찮았다'가 문제였다. 관리자들은 노동자들의 앓는 소리를 제대로 듣고자 하지 않았다.

"회사는 지금도 비슷하겠지만, 여자들이 퇴근하고 집에 가서 살림하고 나이 들고 그래서 아픈 거지. 이게 뭐 직업병이냐 그랬어요. 우리가 말을 해도 도저히 먹히지도 않았어. 병원을 가도 뭐 때문에 이래서 아프다고는 말을 안 해주잖아요

그러나 이름 없는 병이 아니었다. 이 골병은 1980년대 후반부터 '경견완증후군(경견완장해)'라는 이름으로 국내에 알려졌다. 언론은 이 신종(?) 질환을 두고 '사무자동화가 됨에 따라' 생기는 '작업 자세와 깊은 연관'이 있는 '목, 팔, 어깨의 장해'라고 소개했다. 컴퓨터 사용이 증가하며 생긴 질환이

라 하여 VDT(영상단말기) 증훈군이라고도 불렀다. (이후 이 용어는 컴퓨터 작업에 의한 질환만을 지칭하는 한계가 있다고 하여 근골격계 질환으로 명칭이 조정된다.) 선진국의 사무직원들에게서 주로 나타나는 질병이라 해서 언론은 이 장해를 첨단병, 현대병, 선진국병이라 부르길 망설이지 않았다.

국내에선 1987년에 최초로 방송국 타이피스트들이 경견완증후군을 직업병으로 인정을 받았다. 앞서 송윤숙이 잡지에서 본 것이 타이피스트들의 이야기였다. 한국통신도 이 질환의 존재를 모를 수 없었다. 1989년에 이미 한국통신 국제전신전화국 소속 교환원들이 경견완증후군 진단을 받은 바 있었다. 이들을 검진한 가톨릭의대는 추후 재정밀 검사가 필요하다는 소견을 내놓았다. 그러나 회사는 이를 받아들이지 않았다. 직원들을 집단 검진을 한다는 것은 직업병 가능성을 인정한다는 의미였다.

언론에서 아무리 선진국병에 대해 다루어도 회사가 직업병 가능성을 부정하면 그만이었다. 아픈 사람이 우선 찾게 되는 동네 작은 병원들은 경견완증후군에 대한 이해가 부족했다. 의사도, 관리자도 여자들의 통증을 '집안일' 하다가 생긴 병 정도로 취급했다. 그렇게 세월만 흘렀다.

5년이 지나도록 달라진 것은 없었고, 이번에는 114 번호안내원들이 어깨와 목의 통증을 호소했다. 노동조합에서 여성국장을 맡았던 이재숙은 구로의원 문을 두드렸다. 당시 구로의원은 국내 최초 민중병원으로 알려진 곳이었다. 그와 같은 일터인 서울 안내국에서 일하던 송윤숙이 처음으로 검진을 받았다.
"그때 임상혁 원장님(현 녹색병원 원장)을 만나게 된 거죠. 우리가 갔더니, 이건 산업재해다. 그러는 거예요."

그 말이 어찌나 반갑던지. 당시 구로의원은 은행 직원들의 경견완증후군 실태조사를 지원하고 있었다. 한국통신만이 아니었다. 통증을 호소하는 여성 노동자들이 늘어났지만, 근거가 없다는 이유로 엄살로 치부되었다. 그러니 이 질환에 대한 대규모 실태조사가 이루어져야 했다. 회사가 직업병임을 부정하는 상황에서 이것은 싸움의 시작을 의미했다. 한국통신 114 안내노동자들은 이 대열에 합류한다.

감축 1순위는 꼭 여자들

이름도 희소해서 경견완장애 일명 VDT 증후군인데 이 자리에 계신 분이 오늘 분명히 이 VDT 증후군이 산재 대상 질병이라는 것을 확실히 인식하는 기회가 되었기를 바랍니다. (…) 컴퓨터 등을 사용하는 은행 같은 금융기관에서 나타나는 VDT 증후군이 10퍼센트 수준인데 한국통신만 평균적으로 32퍼센트를 넘고 개인의 자각증상이 거의 50퍼센트에 육박하는 지경인데도, 이것은 엄청난 비율인 것이지요. 외형적으로 질병의 환부를 볼 수 없다고 해서 방치

된 상태에서….[89]

1995년 구로의원을 찾은 한국통신 114 노동자들은 통증의 이름을 찾았다. 그해 구로의원과 한국통신 노동조합은 34개 전화국에서 전화 교환 및 안내 업무를 하고 있는 여성 노동자 3,300여 명을 대상으로 검진을 했다. 검진자 중 목, 허리, 손목 등에 한 달 이상 통증을 호소한 사람이 1,037명(32퍼센트). 경견완증후군이라 판단되는 이들은 498명(13퍼센트)으로, 이 중 3분의 1은 고위험군에 속해 산재요양 급여 신청을 한다. 1995년과 1996년에 거쳐 한국통신 직원 265명이 직업병 인정받고 산재 요양에 들어간다.

하지만 산재 요양을 하고 온다 한들, 이들을 기다리는 것은 같은 일터였다. 오히려 병가를 쓴 직원들에게 출근을 압박하거나 산재를 신청한 이들을 승진 불이익을 주는 일도 발생했다. 국정감사에 경견완증후군 직업병 문제가 오르고서야, 한국통신은 전 직원을 대상으로 한 집단검진과 일터 환경개선을 약속한다. 그리하여 이들이 산재 요양을 마치고 일터로 돌아왔을 때, 달라진 것은 책상이었다.

"옛날에는 컴퓨터도 그냥 쳐다보면 됐지 뭘, 이랬잖아. 그런데 컴퓨터도 눈높이라는 게 있고. 책상도 의자도 다 (인체에 맞는 것이) 있더라고요. 그런데 가서 보니까 예쁘게만 해놓은 거야. 곡선으로. 물결 모양으로. 또 그거 가지고 엄청

---

89 국회 환경노동위원회 질의 내용, 1995.9.27.

싸웠어요. 이것도 걸고 싸웠지. 휴게시간."

이재숙의 기억이다. 책상이 넓어지고 의자가 교체됐다. 물론, 충분한 공간을 확보하는 것은 근골격계 문제를 예방하는 데 도움이 된다. 하지만 아픈 사람들이 바라는 것은 단지 넓은 책상과 편한 의자가 아니었다. 근무시간 내 충분한 휴식과 적절한 업무량이 우선이었다. 이를 위해선 인력 충원이 필요했다.

하지만 회사의 답변은 미적지근했다. 당시 한국통신은 대규모 희망퇴직 발표를 앞두고 있었다. 1990년대 통신산업이 황금알을 낳는 거위로 등장하고 공기업인 한국통신의 규모도 커졌다. 어느 날부터 야금야금 '공룡 기업'이라는 말이 나왔다. 몸집을 줄여야 한다는 말이 따라붙었다. 당시 정부는 이를 '공공기관 선진화 계획'이라 불렀다. '선진'은 변화에 적절하게 대응할 수 있도록 몸집을 줄이고 유연성을 갖추는 일이라고 했는데, 이때 부풀어 오른 몸의 군살로 지칭되는 것은 일하는 사람이었다.

적자사업 분야는 불필요한 몸집으로 취급됐다. 당장 이윤을 낼 순 없어 민간기업은 회피하는, 그러나 사회적으로 필요한 공공서비스를 제공한다는 공공기업체의 설립 목적에 반하는 말이었으나, 당시 한국통신의 지향은 민영화에 있었다. 적자 사업을 유지하고 운영하는 것은 사람이었다. 이들의 자리가 위태로웠다. 연차가 높은 직원들은 고비용과 같은 말이 됐다. 정년퇴직은 더는 명예로운 일이 아니었다. 구조조정과 인력감축이 '경쟁력 강화'의 다른 이름이 됐다. 이런 한국통신의 체질 개선 움직임은 1995년에는 대규모 희망퇴직 신청으로 드러난다. 당시 3천 명이 넘는 직원들이 '스스로' 회사를 떠났다. 그중 천여 명이 114 여성 직원이었다.

"감축 1순위는 꼭 여자들이에요."

지사별로 할당량이 내려온다고 했다. 퇴직자 수는 지사의 성과가 됐다. 누군가의 실직이 점수가 되어버리자, 높은 점수를 받기 위해 지사 관리자들은 여성들부터 찾기 시작했다. 114 직원을 비롯해 여성 노동자들의 개별 면담이 끈질기게 이어졌다. 퇴직금에 몇 푼 더 얹으며, 다음 사람들은 나갈 때 이 돈도 못 받을 거라고 말했다. 이번에 퇴사 안 하면 지사 변경이 있을 거라는 말도 잊지 않았다. 한국통신은 전국에 지사를 두고 있었다.

"여자들에게 제일 무서운 게, 직장 먼 데 보내버리겠다는 거잖아요. 그렇게 달달 볶으면 사람이 나가는 거예요."

돌봄과 가사 노동을 거의 홀로 책임지는 여성들이다. 어쩌면 이들에게 집은 또 다른 '일터'였다. 두 개의 일터가 서로 멀어진다면 하나를 택해야 했다. 그 답은 대부분 가정이었다. 관리자와의 면담 후엔 꼭 퇴사자가 생겼다. 공식적인 해고 절차도 필요 없는 일이었다.

1995년은 경견완증후군 문제를 앞세워 노조가 인력 충원을 요구하던 해였다. 산재 요양 중인 노동자는 해고할 수 없다는 법도, 정식 해고가 아닌 '퇴사 종용' 앞에서는 유명무실했다. '오래 많이' 일해서 아픈 골병이었다. 하지만 회사 논리는 오히려 '이래서 나이 든 사람 쓰면 안 된다'로 이어졌다.

아프니 이참에 나가라 했다.

그러나 1995년은 한국통신에 많은 이변이 있던 해였다. 그중 하나가 민주노총 집행부 당선이었다. 3대 어용노조(사용주의 압력을 받아 비민주적으로 운영되는 노동조합)라 불리던 한국통신 노조에 민주 집행부가 들어선다. 새로 당선된 노조 집행부는 1995년 대규모 인력감축에 맞서 2박 3일 본사 농성을 진행한다. 전국 지사에서 온 114 여성 노동자들이 함께했다. 이때 114 노동자들이 요구한 것은 특별 건강 검진 실시와 인원 보강을 위한 신규채용이었다.

"그때는 114 노조가 강성이었어요."

강성이라는 건, 자신들이 잘 싸웠다는 말.

"점심시간 1시간을 우리가 30년만에 찾은 거예요."

이재숙은 놓칠세라 이 말을 한다. 그는 이미 정년퇴직을 한 상태이다. 이미 20년이나 지난 일임에도, 자신들이 싸워 얻어낸 그 1시간을 거듭해 언급한다.

"그때 우리 진짜 잘 싸웠지. 진짜 많은 거 했다. 국회 쫓아다니고. 집회도 엄청 많이 했어요."

1996년 9월 14일, 114 경견완증후군 산재 대상자들은 조계사의 협조를 받아 그곳에 철야 농성장을 세운다. 그때 배포한 노동조합 유인물에는 이러한 요구가 쓰여 있었다.

〈인력 신규충원, 점심시간 1시간, 40분 근무와 20분 휴식 보장, 변형 근로 폐지, 작업환경 개선, 건수 제도(통화량 순위) 폐지〉

두 달간 농성이 이어졌다. 하얀 소복 입고 긴 현수막을 들고 종로 거리를 누볐다. "회사에서 제발 우리 하얀 소복만 입지 말아달라고 해서" 그래서 더 입고 싸웠단다. 여성국장이었던 이재숙은 농성장을 방문한 김대중 전 대통령(당시는 국민회의 총재)과 면담을 한 이야기를 전해준다. 김 전 대통령은 대규모 법회에 참석하기 위해 조계사를 찾았다가 농성장에 들르게 된 것이었지만, 이재숙에게 그 기억은 '자신들이 싸웠기'에 얻은 성과였다.

"그때가 수능 100일 기도 이런 거 한창 하던 때인 거예요. 조계사에 사람들이 바글바글해. 그래서 농성장에 오면 사람들이 잠을 못 자는 거죠. 그래도 나는 잘 잤어. 낮에 일이 너무 힘드니까 쓰러져 자더라고. 진짜 와, 우리 그때 많은 거 했다. 하도 집에 안 들어가서 사람들이 나를 노처녀인 줄 알았잖아요."

집에서 먼 직장으로 배치한다는 건 '나가라'는 소리였던 시절에 집에도 가지 않고 싸웠다. 잘 싸운 게다. 그런데도 이재숙은 말했다.

"우리가 이렇게 싸운 거 아무도 몰라."

아무도 모르는, 잘 싸운 투쟁

잘 싸웠지? 라는 말 뒤로, 누가 우리 투쟁을 기억하지? 하는 말이 이어진다. 이들의 싸움은 국내 최초의 근골격계 직업병 투쟁으로 기록되어 있다. 연구보고서나 낡은 책자 속에서 그들의 투쟁을 찾을 수 있었다. 나 역시 그 자료 속 두어 줄 기록을 보고 '한국통신 114 번호안내원 경견완증후군 산재 투쟁'이라는 이름을 알게 됐다.

두터운 자료로 남아 있지 않더라도 이들이 이룬 성과는 적지 않았다. 농성이 있던 그해 1996년, '단순 반복 작업에 의한 경견완증후군 대책회의'가 만들어진다. 이에 압박을 받은 산업안전공단은 'VDT 취급 근로자 관리지침'을 배포한다.[90] 국내 근골격계 직업병 예방에 기여한 바가 크다.

늦가을이 되서야 조계사 농성은 마무리 되고, 114 노동자들은 일터로 복귀했다. 산재 대상자들을 향한 퇴사 종용을 멈추고, 개인이 원할 시 타부서로 재배치한다는 약속을 회사로부터 받았다. 아무도 신경 쓰지 않던 골병이었으나, 이들은 싸움 끝에 성과를 만들어냈다. 자신들의 싸움을 누가 알려나 하지만, 그 투쟁을 뚜렷이 기억하는 이들이 있다. 바로 그녀들 자신이다. "우리 정말 잘 싸웠다"라는 말이, 그 시절을 증명했다.

하지만 농성을 마무리하고 일터로 돌아갔을 때, 이들을 기다린 것은 익숙하고도 새로운 위기였다. 그들의 노동을 '잉여' 취급하는 일터는 바뀌지 않았다.

---

90 이것은 사무직종에 한정된 관리지침이었다. 그 결과 2003년에 제조업 노동자들이 집단으로 근골격계 산재 신청 투쟁을 하기에 이른다.

30년 성실히 몫을 다했음에도, 잉여

갈래머리 꿈많은 여고생으로 들어와 30여 년 성실히 자신의 몫을 다했음에도 끝내 '진부화 인력'이라는 소리를 들어야 하는 한 선배의 눈물겨운 호소에 우리 모두는 눈시울을 붉혔다. 그것이 바로 노동자의 현주소가 아닌가? 한 시간에 최고 275건씩(강원 춘천) 처리해야 하는 최악의 노동강도 속에서도 묵묵히 버티며 일해온 우리는 이러한 부당한 처우에 맞서 개선을 요구하며 오늘부터 본사에서 농성에 들어간다.[91]

1990년대 들어 한국통신 관리자들은 부쩍 이런 말을 즐겨 썼다. '진부화 인력' 또는 '잉여 인력'. 이 말은 종종 전화번호 안내를 하는 여성 노동자들을 향했다. 이상한 일이었다. 몸이 아프도록 일하는데 '잉여'라니. 1995년 천여 명이 희망퇴직으로 사라졌음에도 114 노동자들은 꾸준히 진부화 또는 잉여 인력이라 불렸다. 한국통신이 민영화로 본격적으로 전환한 1998년 이래, 노동자를 '잉여' 취급하는 경향은 강화됐다.

여기서 번호안내원들의 해고의 역사를 짚고 가야겠다. 1980년대 초 전국에 전화망이 구축되고 전화를 연결해주는 교환원의 역할이 축소되자, 많은 이들이 국제전화교환이나

---

91 한국통신노동조합 성명서, 〈농성에 돌입하며〉, 1995.5.9.

번호안내 부서로 자리를 옮겼다. 부서 이동은 회사에겐 감원의 기회이기도 했다. 연차 높은 교환원들은 '이참에' 퇴사하라는 압박을 받았다.

    1982년에는 교환원들의 정년만 단축됐다. 일반직 정년이 55세였는데, 교환원들만 43세가 되면 퇴직해야 했다. 앞당겨 정년을 맞아야 했던 전화교환원 김영희가 회사를 상대로 소송을 하기도 했다. 김영희는 남녀차별 금지에 관한 법률을 어겼기에 정년 변경은 무효라고 주장했고, 한국통신은 직무에 따른 정년단축이지 성차별이 아니라 반박했다. 하지만 이때 교환원으로 근무한 남성의 수는 7,480명 중 3명뿐. 이 소송은 대법원까지 가서 결국 승소한다. "여성이 남성보다 빨리 퇴직할 이유가 없다, 성차별적 정년제는 무효라는 판결"이 내려진 것이다.[92] 김영희는 일터로 돌아왔다.

    1980년대 후반, 컴퓨터가 보급되자 이번에도 근속 연수 높은 여성들은 퇴사를 종용받았다. '신기술에 적응하기 힘들' 것이라는 회사의 자의적 판단이었다. 책자를 보지 않고도 말할 수 있는 전화번호가 수백 개나 되던 숙련의 결과는 이를 존중하지 않는 기업과 신기술 앞에서 무의미해졌다.

---

92   이혜리, 〈남자는 57세, 여자는 43세…"국정원 정년 규정 차별로 무효"〉, 《경향신문》, 2019.11.10.

칼집을 든 사람은 누구인가

1990년대 중반 경견완증후군에 시달리던 이들이 인력 충원과 근무시간 단축을 요구했을 때, 회사가 말한 것은 곧 시행할 '자동화'와 '유료화'였다. 시대가 변하니 기다리라고 했다. 자동화로 번호안내 일이 줄어들고, 번호서비스가 유료화되면 이용자가 줄어들 것이니 인력 부족 문제도 자동 해결될 것이라는 말이었다. 하루하루 손목은 시큰하고 팔목은 저리고 어깨는 무겁기만 한데, '그때'를 기다리라고 했다.

그런데 유료화 전환 계획은 114 번호안내 서비스가 적자 사업이라는 압박이기도 했다. 돈도 안 나오는 분야에 사람(인건비)을 투여할 수 없으니 기다리라는 것. 114 노동자들의 업무량이 적어서 '잉여'라 불리는 것이 아니었다. 수익 창출이 적은 곳은 늘 인력 감축을 염두에 두었기에, 이들은 '잉여'일 수밖에 없었다.

이들이 '남는' 사람 취급을 당하는 데는 또 다른 이유도 있었다. '여자'이기 때문이었다.

"어느 회사든지 남성 위주, 그러다 보니 칼집을 남성들이 들고 있잖아요."

일할 사람을 모을 때는 번호안내원이 '여자 직업'으로 최고라 했다. 때마다 월급 나오고 '앉아서' 일하고 '애 낳고도' 할 수 있으니 '여자가 하기' 좋다고 했다. 친절과 상냥함이 필요하니 '여자 일자리'라고 했다. 통신 기술의 발전과 더불어 생겨난 직군이라 '신문화인'의 직업이라고 추켜세우기도 했다. 그리고 이들을 치울 때도 '여자'라서 치웠다.

"114는 희망퇴직 공고만 나오면 킬(kill) 1순위. 여자들이 하는 일도 별로 없는데 돈만 많이 받는다, 이거였어요. 지금도 비슷하지만 여자는 전업이 아니라고 생각하잖아요. 남자가 있으니까, 너네들은 먹고사는데 그렇게 부담 없으니까 나가라는 식으로. 엄청 나갔죠."

해고 부담이 없기에 해고 1순위가 되었다. 늘 해고를 염두에 두고서 사람 숫자를 계산하니, 일정한 수의 사람들이 '잉여'로 여겨졌다. 이들이 얼마나 많이, 얼마나 오래, 심지어 아픈 몸으로 일하는지를 보지 않았다. 볼 필요가 없었다. 그러나 114 여성 노동자들은 2박 3일의 본사 농성과 두 달간의 조계사 농성 등으로 존재를 드러냈다.

우리 잘린 건 아무도 몰라

이들은 "우리 싸운 거 아무도 몰라"라고 말했지만, 114 번호안내 여성 노동자들의 싸움을 잘 아는 건 한국통신이었다. 투쟁을 통해 휴게시간을 되찾아 오고, 일상적인 감원에 대응했다. 기업 안팎으로 경견완증후군에 대한 규정과 법을 만들었다. 여자가 나이 들어, 집안일 하다가 생긴 것으로 취급받던 통증에 이름을 붙이고, 그 책임이 회사에 있음을 알렸다. 그제야 회사도 더는 직업병이 아니라는 이야기를 할 수 없게 되었다.

"그렇지만 이제 다 소용없어졌지요."

투쟁의 성과가 이어지지 않았다는 의미다. 여성국장이었던 이재숙의 말이다. 그는 정년퇴직까지 한국통신 사원이라는 명칭을 지켰다. 하지만 많은 이들이 그러하지 못했다.

2001년은 한국통신, 아니 이제는 KT로 변모한 기업이 5년간의 구조조정이 완료되었음을 선언한 해였다. 그 구조조정의 결과로 6만5천 명이던 직원이 5만 명으로 줄었다. 1만 5천 명, 놀라울 것 없는 수이다. 애초 회사가 발표한 감원 계획은 2만 명이었다.

이 악명 높은 감원을 완료한 후, KT 임원들의 입에서는 이런 말이 종종 나왔다.

"한국통신 내 적자 사업은 더이상 없다."

당시 한국통신은 10조 원에 달하는 매출과 1조 원의 순이익을 올리던 중이었다. 이 흑자 기업이 적자 사업이라 지적한 분야는 도서 지방과 오지의 통신 서비스, 군·경찰통신망, 국제수동교환. 예전에는 '필수 공익사업'이라 불리던 분야였다. 그 칼날은 114 번호안내원들에게도 향했다.

KT는 114 부서를 자회사로 분리하는 계획을 발표한다. 114 번호안내 업무를 위탁한다는 말이었다. 근골격계 특별검진, 휴게 시간 보장, 변형 근로 폐지. 114 노동자들이 싸워 얻은 성과가 위탁업체로 이어질 리 없었다. 1년 계약직이 '오래 일해 걸리는 병'을 호소하는 것은 우스운 일이다.

KT는 114를 최우선 분사화 대상으로 선정했다. 1995년 어용노조를 몰아내고 선거에서 승리한 한국통신 민주노조 집행부는, 그러나 다음 선거에서 패배했다. 함께 싸워줄 노동조합조차 없는 상황이었다. 그럼에도 114 여성 노동자들이 선택한 것은 투쟁이었다. 2001년 5월, 전국에서 온 114 노동자 600여 명이 경기도 분당에 있던 한국통신 본사로 향했다. 그렇게 다시, 본사 점거 농성을 시작했다.

"강고한 단결 투쟁, 분사화를 박살 내자"

본사 로비에 울리던 구호는 한 달이 지나도록 멈출 줄 몰랐다. 암담한 마음으로 본사에서 버티던 그때, 노동조합으로부터 청천벽력 같은 소식이 들려왔다. 한국통신 노조 이동걸 위원장이 회사가 추진하려는 114 분사화 방안에 노사합의 도장을 찍었다는 것이었다. 114 계약직을 포함한 계약직 노동조합의 파업이 180여 일, 정규직 114 노동자들의 본사 점거가 40일을 넘어가던 때였다. 농성은 힘을 잃고 마무리된다. 그러나 46일의 본사 농성을 해산한 후, 그럼에도 자회사로 가는 것을 끝까지 거부한 이들이 있었다.

"저는 자회사를 안 가고 현장으로 왔죠. 3년을 견뎠죠. 영업직으로 보내졌어요."

수십 년 동안 전화를 붙들고 일한 사람에게 상품 판매를 하라고 했다. 송윤숙은 그곳에서 수년을 버텼다.

"우리는 악질들이죠. 회사에서 봤을 때는, 나가라고 하는데도 46일 동안 자회사로 안 가고 분당 본사에 가서 투쟁을 하고 그러니까. 복귀하고 왔는데 우리들은 의식화됐다고 생각하는 거야. 회사는 다른 사람들을 우리가 물들인다고 생각을 하는 거에요. 그러니까 우리를 자꾸 분리하려고 했죠.

장벽을 쳤죠."

따돌림, 잦은 부서 이동, 멀리 떨어진 지역 지사로 발령. 보복이 이어졌다. 그 과정에서 누군가는 버티지 못하고 월급이 반토막 난다는 자회사로 갔다. 누군가는 아예 KT를 떠났다. 그리고 극히 소수이지만 버티고 버텨 정년퇴직까지 한 여성들도 있었다.

"나 잠깐 휴가 다녀온 사이에, 우리 부서에 여자들이 다 나간 거예요. 나 없는 사이에 불러서 따로 면담을 해서 다 내보낸 거야. 나는 그렇게는 못 나간다. 버틴 거예요."

이재숙도 버텼다. 떠나건 남건, 이들은 소리 없이 그러나 묵묵하고 꿋꿋하게 이후의 노동을 이어갔다.

"우리가 싸운 건 아무도 몰라"라고 말하는 여성들이 있어서 찾아갔더니, "우리가 잘린 건 아무도 몰라" 하는 소리가 이어 나왔다. 도무지 세상이 이 여성 노동자들에 대해 아는 것이 없었다. 가장 앞서 잘리는 것은 여성이라지만, 여성 노동자들의 실직에 이름을 붙이는 사회가 아니었다. 그러나 이들은 한 번도 소리 없이 잘리지 않았다. 내내 싸웠다. 아파서 싸우고, 잘릴까 봐 싸웠다. 조용히 회사를 떠나진 않았다. 그 소란스러움을 자랑스럽게 기억하며 살았다.

"우리 자긍심 높게 잘 싸웠어요. 저희 진짜 잘 싸웠어요. 지금 생각하면 그 시대에 그런 열정이 어떻게 있었나. 우리 다 마흔이 넘은 사람들이었는데. 그런 걸 어떻게 했을까. 이런 생각을 하면, 굉장히 자존심이 높아져요."

송재숙의 말을 더듬는다. 나까지도 무언가 꿈틀거리게

하는 말이다. 하지만 세상은 이들의 자긍심을 기억하지 않았다. 한국통신 민영화에 앞장선 정부가 기억하는 것은, 투자자들에게 약속한 '최대 이윤 보장'이었다. 그 약속만은 지켜진 것은 분명했다. 경영진과 주주에게 돌아간 배당액이 순이익의 90퍼센트를 넘은 적도 있었다. 역대 KT 회장들은 임기만 끝나면 횡령과 배임 혐의로 검찰에 소환됐다.

114 분사화로 만들어진 자회사 한국인포서비스(KOIS)는 지금의 'KT IS'와 'KT CS'의 전례가 된다. 이 콜센터 아웃소싱 업체들은 현재 KT 외에도 민간기업은 물론이고, 기업건강보험공단 등 공공기관 콜센터 업무를 위탁하고 있다. 여자 고용을 많이 했다고 해서 '남녀고용 평등 우수기업'에 선정되기도 했다. '고용창출 우수 100대 기업 선정', '대한민국 일하기 좋은 100대 기업 특별상' 등 각종 수상 이력이 있다. 그 세월 동안 한국에서 콜센터는 장시간-저임금-파견 노동의 상징이 됐다. 콜센터 업종의 여성 비율은 98퍼센트이다.

20년 후
10명 중 7명이 나가는 곳에서

114번호 안내원 정규직들이 본사에서 농성까지 하면서 싸웠으나 잘되지 않았다. 114번호 안내원 계약직들도 1년 반가량 한국통신 계약직 파업에 동참하며 싸웠으나 잘되지 않았다. 세간에선 해고와 외주화라는 공동의 위기 앞에서 정규직과 비정규직이 힘을 합쳐 싸웠어야 한다지만, 이 또한 시도는 있었으나 잘되지 않았다. 2001년 7월, 한국통신에서 114는 분리된다.

거슬러 올라가 한국통신이 구조조정으로 몸살을 앓던 그때, 인력감축 대상에 올라온 것은 정규직 114번호 안내원들만이 아니다. 한국통신 내 계약직, 이들이 진짜 정리 대상 1순위였다. 한국통신 계약직(고장 수리, 일반가설, 시험실 업무 등)으로 일하고 있던 이들은 1만 1천여 명. 이 중 해고된 이는 7천 명에 가까웠다. 해고된 이들 중 콜센터 분야(114번호 안내업무, 100번 민원상담, 115전보 등)의 계약직이 400여 명.

그런데 회사의 말에 따르면, 이들은 해고도 아니었다.

"도급화가 되면서 업무가 사라졌으니 노동자들을 계약

해지하는 건 당연한 것 아니냐."

KT가 114부서를 분리하는 과정에서 계약직은 대부분 해고되고, 114 정규직은 새로이 만들어진 자회사인 한국인 포서비스(KOIS)로 가거나 다른 부서로 전환배치 되었다. 차차 하나둘 압박을 받아 퇴사했다.

그로부터 20년 후, 콜센터 아웃소싱 업계는 8조 원 시장으로 성장했다. 콜센터업계 종사자 수는 모른다. 8만 명이라 하기도 40만 명이라 하기도 한다.[93]

종사자 수 파악에 이토록 큰 차이가 나는 까닭은, 콜센터 직종 대부분이 도급-아웃소싱 소속이기 때문이다. 많은 콜센터 노동자들이 크고 작은 (인력 파견의 성격을 띠는) 아웃소싱 업체에 속해 있다 보니 그 규모와 인원을 파악하기조차 어렵다.

10명이 들어와 7명이 나가는

사람은 어디에서 어떻게 일하는지도 모르는 사이 사업 규모만 8조 원 시장으로 커졌다. 금융사, 공공기관, 문화센터, 수리센터, 판매처 등. A/S 상담이 필요하지 않은 분야가

---

93 통계청 발표(사업지원 서비스업 산업현황)에 따르면 콜센터 및 텔레마케팅 서비스업 종사자 수를 8만여 명이라 하지만, 콜센터 업계를 아우르는 한국컨택센터산업협회는 콜센터 종사자를 40만 명이라 추정한다.

없으니 당연한 일이기도 했다. 지난 20년 콜센터 업계가 이 놀라운 수치를 가질 동안 콜센터 노동자는 하찮은 평균을 지니게 되었다.

월 평균 임금 213만9천692원, 연간 이직률 68.5퍼센트, 하루 평균 통화 건수 110건, 고객 폭언 월평균 12회, 성희롱 월평균 1회 경험(2021년 기준).

10명이 들어와서 7명이 나간다. 이직률이 높은 직업은 뻔하다. 일이 힘들고, 보수는 좋지 못하고, 경력이 쌓여도 진급 같은 보상은 따라오지 않는 일터. 여기에 인격모독이나 시간 통제까지 더 해지면 회사를 떠나는 기간이 빨라진다. 코로나19를 거치며 콜센터는 저임금-단기 일자리라는 타이틀에 더해 '닭장'이라는 수식어까지 붙게 됐다. 집단감염 사태가 일어난 후이다(코로나19 집단감염 문제가 불거졌을 때, 정부가 아웃소싱 업체로 쪼개진 콜센터 종사자들의 현황을 파악하지 못해 대비에 서툴렀다는 지적도 있다).

콜센터 노동자들의 복직 투쟁을 지원하던 한 노동조합 활동가[94]는 이렇게 말했다.

"콜센터에서 일한 경험을 쓴 책들이 있잖아요. 거기만 봐도, 자기가 콜센터에서 일하게 될 거라 생각한 사람 없고, 일하고 싶어 간 사람 없고, 오래 일할 거라 여긴 사람 없잖아요. 책들도 다 콜센터를 탈출한 후에 쓴 것들이고."

탈출이라. 10명 중 7명이 떠나면 다시 7명을 데려오는

94　민주노총 전국금속노동조합 수원지부 교선부장 김유진.

곳이 콜센터이다. 진입 문턱 없이 가혹한 스트레스만 견디면 월 200만 원 이상 보장한다는 말은 구직 지원 버튼을 누를 때만 해도 매력 포인트가 된다. 하여 청년 백수도 오고, 경력 단절 기혼 여성도 오고, 정년(60세)이 지난 이들도 이곳에 온다. 콜센터 노동자들이 모인 집회나 문화제에 가면, 그 연령대의 다양함에 여기가 세대를 아우르는 화합과 가능성의 장이 아닐까 싶다가도, 전 세대를 거쳐 주어지는 저임금 서비스업 일자리의 현실을 자각하게 된다.

한국 사회에서 콜센터는 '문제적' 노동이 되었고, 이 문제를 다루는 이들도 많아졌다. 나 또한 여러 차례 콜센터 노동에 관해 썼다. 여성 일자리, 감정노동, 저임금, 비정규직, 온라인 통제, 집단감염 … 콜센터는 참 쓰기 좋은 소재이기도 했다. 그 사실을 알고 있기에 이 말을 종종 떠올렸다.

"우리 사고에 관심이 있나요?"

취재로 만난 퀵서비스 노동자가 내게 한 말이다.

"기자들이 연말이 되면 자주 찾아옵니다. 취재 많이 해 갔습니다. 제가 언론에서 인터뷰한다 그러면 하루 일당 포기하고 다 응했습니다. 우리 기사도 많이 나갔습니다. 다들 우리가 얼마나 위험한가에 관심이 있습니다. 우리를 이렇게 잘 다루는 이유를 압니다. 만만하니까요. 우리 위에는 대기업이 없으니까요. 우리 문제는 어떤 기업을 건드릴 필요가 없어요. 우리 위에는 뿔뿔이 흩어진 영세업체 업주들밖에 없어요. 우리는 그저 불쌍한 사람들, 이렇게 내보내면 되는 문제라서 그럽니다."[95]

이로부터 몇 년 후, 퀵배달마저 플랫폼 기업에 흡수됐다. 작은 영세사업장 같은 것은 설 자리를 잃는다. 그때나 지금이나 손쉽게 다룰 수 있는 직종은 파견, 용역, 특수고용직. 그럼에도 콜센터 노동 이야기를 또다시 한다. 이 말을 들었기 때문이다.

"저희 이야기가 콜센터 업종에선 '먹히는' 이야기가 아니거든요."

왜 남아 있냐

다루기 쉬운 뻔한 이야기를 '먹히지' 않는 이야기로 만들어내는 사람들이 있었다. 유베이스 콜센터 상담원들. 처음 만난 2022년, 이들은 1년 가까이 해고 투쟁 중이었다. 평균 근속 6개월, 1년만 다녀도 고참이 된다는 콜센터 업계에서 복직을 하겠다고 긴 시간 싸운 사람들이었다.

"사람들은 다 그럴 거예요. 왜 그 돈 안 받고 남아 있냐고."

회사가 몇 개월치 월급을 위로금으로 지급한다고 했으나 퇴사를 거부했다.

"다른 사람들 보기에 우리는 배부른 소리 하는 사람들일

---

[95] 희정,《노동자, 쓰러지다》, 오월의봄, 2014.

거예요."

왜 이런 '배부른 선택'을 하였나. 이들이 속한 유베이스는 국내에서 손꼽을 정도로 규모가 큰 콜센터 아웃소싱 기업이다. 1998년 창립한 이래, 만 명 단위 직원을 두고 일자리 창출 대통령 표창도 여러 번 수상했다. 만여 명의 직원들은 삼성전자, 삼성화재, 애플, 네스프레소 등 각기 다른 기업의 고객 서비스 업무를 본다.

12명의 해고자가 있는 유베이스 수원센터는 삼성전자 제품의 서비스 상담을 주로 해왔는데, 경력이 보통 10년을 훌쩍 넘었다. 유베이스가 세워지기 전부터 일해온 이들도 있었다.

"알바부터 시작해서 삼성전자 정규직 직원이 되었는데. IMF 때 자회사로 내려가고, 분사(기업이 조직 일부를 분리해 새로운 회사를 설립하는 일)되고, 아웃소싱 거치고. 최종적으로 유베이스거든요."

30년 경력자의 이야기. 삼성전자 수리센터에서 정직원으로 일을 했으나, 1990년대 말 삼성전자가 서비스를 담당하는 자회사를 만들어 이들을 이동시켰다. 이후 자회사는 다시 콜센터 업무를 분리시키고, 이들은 도급(협력)업체 소속이 됐다. 같은 일을 하면서도 업체명만 바뀌어왔다. 이후 이들은 삼성과는 전혀 다른 이름을 가진 업체(이투씨E2C, 지씨에스GCS 등) 직원이 되어 삼성전자 제품을 상담해왔으나, 집에서 직장이 가깝고 일이 손에 익었기에 불만을 드러내지 않았다. 업체는 달라도 삼성 제품을 상담하는 사람들은 삼성 CS아카데미 공간으로 출근을 했으므로, 크게 다르다는 생각도 못 했다. 그러던 2011년, 상담원 일부(70명)가 유베이스로 이관된다.

"10년 넘도록 도급(아웃소싱) 업체에서 일하긴 했지만, 당시에는 급여가 최저시급이 아니고, 상여금도 있고, 수당이랑 자기계발비 이런 것도 있었어요. 그게 해가 갈수록 점차 사라지는 거예요."

협력업체가 변경될 때마다 야금야금 연봉이 깎여 결국 최저임금 기본급과 명분에 가까운 상여금만 남았다. 그럼에도 상담원들은 회사를 그만둘 생각을 못 했다.

"이제 나이가 들고 다른 일을 찾아보고 싶어도 기회가 없는 거예요. 급여에 대한 불만도 많았지만, 여기서 조금 덜 받고 참고 가자 한 게 10년이 넘은 거지요."

입사해 처음에는 적응하느라 정신이 없었고, 시간이 좀 지나선 육아와 벌이를 병행하느라 바빴고, 자녀가 다 컸을 즈음에는 나이 든 여성을 환영하는 일자리가 보이질 않았다. 그래서 좀 참고 다니자, 했다. 그러는 사이 삼성전자서비스에선 커다란 변화가 생긴다. 삼성전자 제품을 수리·보수하던 이들이 노동조합(삼성전자서비스지회)를 만든 것이다.

무노조 경영 원칙이 흔들리고 노조는 불법파견 의혹을 제기한다. 당시 삼성전자서비스의 수리 업무는 대부분 협력(도급)업체 직원들이 담당했다. 도급계약의 전제는 독립적인 업무이다. 기업이 특정 업무를 '분리'하기 위한 정당성을 가지려면, 도급을 받는 업체가 그 업무를 독립적으로 운영해야 했다. 독립적으로 분리가 가능한 업무만 분리하라. 기업이 마구잡이로 업무를 외주화하는 일을 막기 위한 나름의 법적 장치였다. 독립적 운영이 가능하지 않을 경우, 법은 이를 도급이 아닌 '불법파견'이라 봤다. 그러나 법은 멀고 힘은 가까운 것이 현실이라고 했던가. 현실에선 기업이 분리할 수 없는 영역의 업무까지 용역업체에 위탁하고, 기업은 직접적인 지휘·통제를 하는 일이 적지 않았다.

삼성전자 수리 직원들은 자신들의 고용 형태가 도급이 아닌, 불법파견이라고 주장하며 삼성이 직접 고용할 것을 요구했다. 이 파란이 삼성전자서비스 콜센터에도 미친다. 콜센터도 위탁이란 이름으로 분리됐지만, 불법파견 의혹에서 자유로울 수 없었다. 그들이 근무하는 곳조차 삼성 소유의 건물이었다. 이에 삼성전자는 두 가지 방안을 세우는데 하나는 자회사를 세워 '직접' 도급업체 직원들을 고용하는 것. 이로써 이들은 위탁이 아닌 자회사 '정직원'이 되었다. 직접 고용 요구를 우회적으로 받아들인 게다. 또 하나 방안은 2차, 3차 등 다소 영향력이 적은 협력업체나 아웃소싱 업체를 삼성 건물에서 내보내는 것이었다. 그렇게 법이 불법파견이라 판단할 여지를 줄여갔다. 그리하여 도급업체 이투씨E2C 직원들은 자회사 소속이 되고, 유베이스는 건물 밖으로 내보내졌다. 같이 일했는데, 누군가는 자회사 정규직이 되고 누군가는 사무실마저 잃었다.

몇 개월 후 유베이스는 삼성의 위탁업무가 곧 끝나니 수원센터 자체를 문 닫겠다고 했다. 임대료 등 업체가 부담해야 할 비용이 커지자 아예 철수하려 한 것이다. 하지만 상담원들은 20여 년 다닌 직장에서 한순간에 떠밀리듯 그만둘 수 없었다. 이들은 노동조합을 만들었다. 그랬더니 업체 문을 닫으려는 시도가 멈췄다. 아니, 멈춘 줄 알았는데 미뤄진 거였다. 3년 후, 유베이스는 다시 사무실을 폐쇄한다는 통보를 한다. 이에 맞서 싸우던 상담원 일부가 징계해고 당한다. 이것이 복직 싸움의 전말.

귀한 직업으로 대우받는 날

다소 길었지만, 이들의 행보가 흥미로워 자초지종을 적었다. 직고용-자회사-도급·협력업체-아웃소싱 업체-(불법파견 논란 후) 자회사로 이동하는 흐름이 콜센터 기업의 변주를 한 눈에 보여준다. 8조 원 콜센터 시장은 어떻게 만들어지는지, 그 역사를 한자리에 앉아 이름만 바뀌는 회사를 두고 몸으로 겪어낸 이들의 이야기였다.

콜센터 일터를 두고 닭장이라 한탄하지만, '왜 이들이 지금 그곳에 있는지'는 잘 말해지지 않는다. 퀵서비스 노동자가 "우리 문제는 어떤 기업을 건드릴 필요가 없어요"라고 했던 말처럼. 그러나 역사는 '기업'에서 흘러나온다.

한국통신 114 직원들은 공기업이었고, 대중들과 친숙한 브랜드(114)를 지녔고, 전국 단위 규모였고, 노동조합이 있었기에, 조금 더 싸워볼 수 있었다. "아무도 우리가 싸운 걸 몰라" 했지만, 실은 기억해주는 사람들이 있었고, 싸움의 기억을 가지고 돌아갈 일터가 있었다. 그보다 작고, 이름이 알려지지 않은 민간 기업의 고객 서비스 부서에서 일한 수많은 이들은 외환위기를 거치며 소리소문없이 사라졌다. 매출 400억 가량인 중견기업 이상 규모를 지닌 회사가 국내에 5,600여 개 존재한다. 이 기업들 중 고객서비스·전화상담 부서를 둔 곳이 적지 않았을 텐데, 그 업무에 종사한 사람들은 어디로 갔을까.

콜밥이라는 게 있다고 했다. 한 번 콜센터 일을 하면, 비슷한 업종을 돌고 돈다 했다. 한 직장에서 오래 근무하진 못하지만, 콜센터 바닥을 떠나지도 못한다.

"지금도 콜센터 상담원 뽑기가 어렵다고 해요. 이 업무가 지금은 인정을 못 받고 있지만, 우습게 보는 사람도 있지만, 시간이 많이 흘러 이 업무가 어렵고 힘들고 전문성이 필요하다는 걸 인정받고, 지금의 급여 체계로는 사람을 뽑기 힘들어지는 시절이 오지 않을까. 귀한 직업으로 대우받을 날이 오지 않을까. 그런 대우를 받는 데 있어 지금 우리가 하는 싸움이 일정 정도 기여를 했다. 나중에라도 그런 생각을 하고 싶어요."

다른 곳에서는 이 말이 나왔다.

"고용불안이 상수인 콜센터 업계에 좋은 선례를 남기고 싶어요."[96]

---

96 정소희, 〈저축은행중앙회 콜센터 해고노동자들이 복직을 포기 않는 까닭〉, 《매일노동뉴스》, 2023.8.7.

이들은 저축은행 콜센터 상담원. 2023년 초, 해고가 되었다가 농성과 단식까지 한 끝에 복직했다. 3년 전 저축은행중앙회가 통합콜센터를 만들었는데, 초창기 멤버로 일한 이들이다. 이들의 소속 업체인 KS한국고용정보가 계약 기간이 만료되자, 새로 들어온 것이 효성ITX. 보통 콜센터 업체는 위탁업체가 변경되어도 기존 직원들의 고용승계가 이뤄지는데(앉은 자리에서 업체명만 바뀌는 일이다), 몇 년 단위로 업체가 바뀔 때마다 새 사람을 들여 일을 가르치고 익히고, 이것이 비용 낭비라는 판단 때문이었다.

그런데 효성ITX는 10분의 짧은 면담을 거쳐 재계약자를 선별했다. 기존의 상담원들은 고용승계 약속만 믿었다. 신규 콜센터에 필요한 매뉴얼과 스크립터를 만든 것이 자신들이었다. 그간 고생한 초창기 멤버를 해고할 이유가 없다고 생각했다. 그러나 효성ITX는 10명의 상담원에게 계약 불가 통보를 한다. 대부분 장기근속자였으므로, 선별 기준을 알기도 어려웠다. 재계약 대상이었던 이하나씨는 동료들의 부당한 해고에 항의하다가 그 자신도 해고가 된다. 그를 포함해 싸움을 결심한 3명은 200일 넘게 싸웠고, 결국 복직했다.

그때 참 멋진 싸움을 하셨지요?

12명과 3명의 싸움을 누가 알아주고 기억해줄까. 20년이 지나 이들에게 와서, 그때 참 멋진 싸움을 하셨지요? 라며 찾아주는 사람이 있을까. 함께 취재를 한 기록팀 동료는 이런 말을 했다.

"콜센터 이야기를 많이 봐서 잘 알고 있다고 생각했는데, 막상 취재를 가니 콜센터에 대해 아는 게 없더라고."

감정노동과 진상 고객 이야기는 익숙하지만, 우리는 콜센터 노동을 모른다. 이들의 기술과 자부심, 경력을 모른다. 그걸 모르는 것은 회사도 마찬가지. 하지만 이들이 싸운 덕분에 알게 됐다. 단지 저임금, 닭장, 고용불안, 감정노동으로 이야기되는 고충이 아닌, 이들의 고용을 야금야금 갉아먹은 어떤 시스템에 대해.

외주화, 인력파견, 아웃소싱이라는 말을 참으로 쉽고 익숙하면서도, 잘 모를 것으로 만든 이 사회를 알게 됐다. 한국통신 114를 취재하며 만난 이재숙은 이리 말했다.

"우리가 싸워 얻은 결과로 남기고 싶은 게 참 많았는데, 이제 그럴 순 없겠지?"

114는 물론이고, 어디에든 계약직으로 굴러가는 요즘의 콜센터를 두고 한 말이었다. 나는 끄덕였다. 콜센터 직원 72퍼센트가 근골격계 질환을 겪고 있다고 했다.[97] 이 외에도 귀, 소화기관, 성대와 호흡기, 비뇨기 그리고 정신건강을 호소했다.

옛 114 번호안내원이 유독 아쉬워하는 일도 있다. "우리

---

[97] 2021년 민주노총 전국공공운수사회서비스노조가 콜센터 노동자 1,397명을 대상으로 한 설문조사 결과다.

가 그것도 못 하게 하려 했는데." 야간 근무를 할 때면 걸려 오던 성희롱 전화를 말하는 게였다.

"그때 우리는 그저 참아야 하나 보다 생각하며 지냈지. 진짜 이상한 소리를 많이 들었어요. 그래도 일이니까 해야 하나 보다 하고 했지."

기록을 보니, 관리자가 야간 근무 조회 시간에 여성 직원들에게 "참아보자! 참아보자!"라는 구호를 외치게도 했다.[98] 그때는 드러내면 안 되고, 참아 넘겨야 하는 일로 여겨 제대로 대응하지 못했다고 아쉬워했다. 그로부터 십여 년 후 그가 일했던 일터인 KT 114는 첫 멘트로 "사랑합니다, 고객님"을 말하게 했다. 그게 진상과 성희롱 고객이 흘러들어오는 입구가 되었고, 몇 년 후에는 콜센터로 전화를 하면 수화기 너머에서 이런 멘트가 흘러나왔다.

"산업안전보건법에 고객응대 근로자 보호조치가 시행되고 있습니다. 폭언, 성희롱 시 관련 법령에 따라 처벌받을 수 있습니다."

예전처럼 동료가 있고, 후배가 있지 않다. 이직률도 높고 도급 계약이 끝나면 부서·센터 자체를 통폐합하는 일도 빈번하다. 그럼에도 여전히 "선례를 남기고 싶다"며 회사로 돌아가겠다고 싸우는 사람들이 있다. 기업이라는 큰 힘은 자꾸 우리의 일터를 쪼개지만, 그 안에서 우리도 어쩔 수 없이 파

---

98 김상숙, 〈통신산업 여성 전화교환원의 노동과정과 노동통제에 관한 연구: 한국통신·KT의 사례를 중심으로〉, 《민주주의와 인권》, 2021.

편처럼 나눠지고 남이 되어 가지만, 그럼에도 동료의 범위를 좁히지 않으려는 노력하는 이들을 발견한다. 그것이 '사랑한다'는 멘트나 고객응대 근로자 보호 멘트보다 더 앞서는 위로겠다.

3부.
들리지 않아도 목소리는 존재한다

기록이란, 더 보이지 않는 사람을 찾아나서는 과정과도 같다. 그들이 있는 곳을 찾아 떠나는 게 아니다. 내가 기록을 하고 있는 대상, 그 가운데서 더 보이지 않거나 더 들리지 않는 목소리를 가진 사람은 분명 있다. 기록 일을 하며 부끄러웠던 적부터 고백하자면, 어떤 기사를 본 후였다.

반도체 직업병 피해 당사자들을 기록했고, 관련 책을 내기도 했다. 반도체에서 사용되는 화학물질과 방사선 노출, 그리고 주야간 교대 근무과 중량물 작업, 인간이 아닌 반도체에 맞춰 기온과 기압이 설정된 클린룸, 이 모든 조건이 겹쳐 일하는 사람의 몸을 망가트린다. 알려진 대로, 이들은 반도체 회사에서 일했다는 이유로 백혈병과 각종 암, 그리고 면역 질환을 앓고 살아야 했다.

그리고 나의 첫 기록은 청소노동자들의 이야기였다. 대학 청소노동자들이 노동조합을 만들며 더는 학교 안 투명인간이 아닌 자기 목소리를 내는 사람들로 등장한 이야기를 따라가며 기록을 시작했다. 그런데 반도체 클린룸에 청소노동자들이 있다는 사실은 몰랐다. 아니 떠올려본 적이 없었다.

앞서 언급한 기사의 제목은 이것이다.

〈암에 걸린 반도체·디스플레이 청소노동자: 반도체 청소노동자는 '알 수 없는' 성분의 가루와 약품을 치운다〉[99]

청소하지 않고 유지되는 공간이 없듯이 청소하는 이가 없는 공간이 없는데, 이들은 곧잘 잊힌다. 유독 더 보이지 않는 사람들이 있다.

그리고 내가 사랑하는 말이 있다.

"세상은 여자 노동을 뜨겁게 생각해주질 않아요."[100]

남편이 직장에서 잘리면 큰일이라고 걱정해줄 사람들이 정작 자신이 해고되었다고 하면 "이참에 쉬어" "봉사나 해" 한다고 했다. 그러면서 왜 여자 노동은 뜨겁게 생각해주지 않는지 물었다. 자신의 뜨거운 노동을 가벼운 해고로 되돌려준 회사와 싸우길 결심한 이였다.

그의 말이 좋았다. 여성이라는 이유로 일터에서 차별받아선 안 된다고, 여성들의 노동이 저임금 비정규직으로 채워지는 것이 문제라고 말해왔지만, 저토록 당당하게 여성의 노동이 "뜨겁다"고 말해본 적이 있던가. 그에게서 이 말을 들은 이후로 나에게 여성의, 아니 누군가의 노동은 뜨거운 것이 되었다.

미적지근하게 취급되는 것들이 있다. 여자 노동이 그렇

---

99 최용락·이상현, 〈암에 걸린 반도체·디스플레이 청소 노동자: 반도체 청소 노동자는 '알 수 없는' 성분의 가루와 약품을 치운다〉, 《프레시안》, 2022.3.28.
100 싸우는여자들기록팀 또록, 《회사가 사라졌다》, 파시클, 2020.

고, 나이 듦이 그렇고, 빈곤이 그렇고, 서울이 아닌 곳이 그렇고, 사람이 아닌 생이 그렇고, 그러니까 중심이 아닌 주변으로 밀려난 모든 것이 그런 온도를 지니고 있다. 그런 온도를 지닌 이들은 잘 보이지 않는다. 어딘가에 가려져 있다. 공단 담벼락 너머, 변두리 지역, 여느 가정집, 어느 곳에나 숨겨진 사람들이, 아니 가로막힌 사람들이 있다. 장막은 결국 이 세상을 사는 우리의 시선에 있는 것. 장막을 들춰 그곳에 가면, 내가 보게 되는 건 몸을 숨긴 이들이 아니라 이들이 지키려는 무엇이었다.

내가 좋아하는 말이 또 있다.

"내가 없으면 회사가 일을 못 합니다."

이 자랑 섞인 말을 예순의 노동자가 했다.

"고무 모형이 10개 20개가 아니고, 천 개가 넘어요. 그만큼 다양하게 있다는 겁니다. 저도 다 몰라도 800개 정도는 아는데. 며칠 와서 일하는 사람이 그걸 다 기억할 수가 없어요. 내가 없으면 안 된단 말이에요."

그는 고무호스를 만드는 제조업체에서 일하는데, 부품마다 원하는 모양이 다르니 1천여 개나 되는 모형에 따라 작업을 해야 했다. 그걸 기억해두었다가 자유자재로 만들었다. 그의 자부심이었다. '단순 반복' 노동으로 굴러간다고 믿는 작은 제조업 공장에서 나이 든 노동자가 "나 없으면 회사가 일을 못한다"라는 기술과 자부심을 드러내며 일을 하는 장면을 상상하는 사람들이 얼마나 될까. 그가 자신의 자부심을 꺼내 보여줬을 때, 반가웠다. 하지만 회사는 아는지 모르는

지, 그의 다음 말은 이러했다.

"내가 없으면 안 된단 말이에요. 회사도 알고는 있는데, 그래도…."

그래도 그를 보고 나가라 했다. 고무 모형을 800개나 알고 있을 뿐더러 오래 근무해 발언력이 생긴 그가 걸리적거렸다. 회사 말대로 일터에서 나간다면, 그의 자부심 섞인 목소리를 더는 들을 수 없을 것이다. 그 이야기를 1장에 적었다.

2장은 3·1절에 하얀 저고리에 태극기를 들려 잠시 무대 위에 올렸다가, 그날이 지나면 다시 변두리 공단 저임금 인력으로 유배시키는 일이 반복되는 고려인에 대한 이야기다. 한국 사회는 그들을 어떻게 대하고 싶은 걸까. 한민족과 이주노동자, 그 중간에 위태롭게 자리한 이들의 뿌리찾기에 대해 다룬다.

3장은 '잡일 노동' '아가씨 노동'이라 취급되는 경리 일을 누가 어떤 기술을 담아, 어떤 마음으로 하고 있는지 말하고자 한다.

늙어버린 이야기, 아줌마 이야기, 떠도는 이야기. 어쩌면 빤한 이야기다. 하지만 우리가 우리의 인생을 뜨겁게 살아가는 것처럼, 이들을 가둔 세상의 미적지근한 온도를 거둬내고 들여다본 곳에는 다른 이야기가 있다.

1.
봄이 올까요[101]

공단에 숨겨진 노년 노동자의 꿈

"어제까지의 따스한 세상이 아니었다."[102] 38년간 몸담은 공기업을 정년이 되어 떠난 이가 세상에 나와 회고한 말이다. 그는 새로 구한 직장에서 임계장(임시 계약직 노인장)이라는 이름을 얻었다. '고.다.자'라고도 불렸다. 고르기 쉽고, 다루기 쉽고, 자르기 쉬운 사람. 그는 경비 노동자가 됐다. 노년 노동이라고 할 때 흔히 떠올리는 것이 경비업무나 청소, 돌봄노동이다. 하지만 누구나 들어올 수 있다는 곳이 있다. 누구든 일할 수 있는 곳이라 말하지만, 막상 들어가면 아무나 취급당하기 일쑤인 공간. 공단 작은 사업장에서도 나이든 노동을 흔히 만나볼 수 있다. 작고 영세한 사업장이 밀집된 지역에서는 더 쉽사리 주름진 얼굴을 만난다.

---

101 희정, 〈이후의 기억: 대구 성서공단, 고.다.자들의 공간〉, 《오늘의문예비평》 제118호, 2020.
102 조정진, 《임계장 이야기》, 후마니타스, 2020.

성서공단으로 오다

성서공단. 대구 지역의 최대 산업단지이다. 3천여 개 업체가 입주해 있으며 6만여 명의 노동자가 근무한다. 지역 내 제조업 생산량의 절반 가까이 책임지고 있다. 그런데도 성서공단은 사람들에게 '낡음'과 '열악함'이라는 단어를 떠올리게 한다.

근거 없는 편견은 아닌 것이, 성서공단은 전국 주요 공단 중 가장 낮은 (평균) 임금을 지불하는 곳이라는 기록을 세운 적도 있다. 총 400만 평이라는 규모가 무색하게도 공단에 입주한 업체 대부분이 50인 미만 사업장이다. 열의 아홉은 작은 사업장이라는데, 이중 또 아홉은 이주노동자들이 지탱하고 있다. 공단 내 중소업체는 이주노동자들에 의해 유지되고 있다고 해도 과언이 아니다. 그 환경의 열악함이야 알려진 바다.

그런데 이곳에서 공단을 지탱하는 또 하나의 집단을 보게 됐다. 고.다.자들이다. 일하지 않고 늙어가기만 할 순 없는 세상이다. 퇴직 이후에도 일을 찾아 헤매야 하는 노년의 팍팍함은 누구에게나 찾아온다. 평균 집값 8.7억 원, (자녀) 결혼 비용 평균 1억 5천만 원, 가구당 부채가 평균 7,900만 원이라는 사회에서 나이 들었다는 이유만으로 일하지 않는 삶을 획득할 수 있는 이는 극히 드물다. 한평생 정규직으로 살아도 알량한 퇴직금으로는 노후를 보장받을 수 없다. 그런데도 세상은 노년 노동을 평범하게 보아줄 생각이 없다.

"나이 든 사람이 나와 일하면 입에 풀칠하기 어려워서 나오는 거 아니냐. 그렇게 사람들은 생각하지."

일하러 나오기 전까진 자신들도 그런 인식에서 자유롭지 못했다고. 노인 3명 중 1명이 직장을 가지고 일한다. 그런데도 일하는 노인을 불쌍히 여긴다. 시선은 연민과 시혜로 흐르는 것이 아니다. 돈이 아쉬우니 그런 일이라도 해도 되나 보다 하면서, 그런 일을 준다. 하지만 내가 본 성서공단 사람들은 그리 단순히 설명되는 사람들이 아니었다.

"여기 들어오기 전 자영업을 하다가 잘 되질 않았어요. 끝까지 가본들 임대료는 자꾸 줘야 하고, 그래서 도저히 안 되어서. 그때 당시 집이 상인동인데 슬슬 걸어오다 보니까, 현수막에 사람을 모집한다고 붙여 놨어요. 아무 생각 없이 해볼까 해서 무작정 들어가 본 거예요. 들어가니까 면접에서 '일을 할 수 있겠어요?' 묻는 게, 지금은 그 뜻을 알지. 그만큼 열악하니까, 당신 해봐야 얼마나 하겠냐. 보통 사람들이 들어오면 한두 시간 하다가 다 가버려요. 대부분. 지금도 마찬가지. 한 시간 정도 하다가 가버려요."

보통 사람들이 한 시간도 못 버틴다는 일을 이병철은 10년을 꽉 채워서 했다. 그의 나이 49세에 이 회사를 찾았다. 지금은 정년을 앞두고 있다. 주름진 얼굴과 묘하게 어울리는 구릿빛 마른 몸은 그를 강단 있어 보이게 했다. 그 몸을 만들어 낸 시간이 10년이다.

"직장 생활은 이게 처음이에요. 그전에는 노래연습장도 해봤고 식당도 해봤고 분식집도 해봤고. 손에 다 꼽을 수가 없어요. 조금 잘 된 것도 있지만 거의 안 된 게 많죠. 잘 되었다 싶다가도 좀 지나면 안 되고. IMF 터지고 나니까 도저히 방법이 없는 거예요. 인건비도 줘야 하고 임대료 나가야 하고. 저만 그런 게 아니고 자영업 하던 사람들이 당시에 다 그랬으니까."

그의 말을 옆에 있던 조재식이 거든다. 그는 이병철의 직장 동료다.

"안 되는 걸 하니까 그렇지. 되는 걸 해야지."

이병철은 고개를 절레절레 흔든다.

"아니, 실제로 자영업 하는 사람이 열 명 중에 한두 집만 산다니까. 여덟 곳은 안 된다는. (사업) 꿈을 깨고 나니 지금은 누가 돈을 대준다 해도 장사는 안 하고 싶어요."

퉁박을 놓았지만 조재식은 사실 창업에 관해선 후배다. 관공서에 다니다가 뒤늦게 사업에 손을 댔다고 했다. 한때 공무원이었다는 말을 들어서인가. 점잖은 외모가 눈에 들어온다. 과묵한 인상이라 인터뷰가 잘 될지 걱정했는데, 이병철과 주고받는 말이 끊길 새가 없다. 두 사람은 십년지기 친구다. 애초 서로 다른 회사에서 근무했는데(사장 형제들이 운영하던 회사였다) 합병이 되어 만났다. 조재식의 사연은 이렇다.

"공직에 있다가 명예퇴직을 하고 개인사업을 한다고 좀 했는데, 본사가 망했어요. 공무원 하다가 하면서 20년 넘게 임금을 탔잖아요. 아 진짜로, 21년 하니까 재미가 없어요. 흥미도 잃어 가는데. 자주 보는 친구가 시청에 근무했는데, 한

날은 이런 아이템이 있다고. 키○○이라고. 본사에 가서 면담도 하고. 몇 개월을 고민했어요. 결론은 오케이. 이거 해보자. 그래 가지고 물건을 가져와서 방문 판매를 했었는데 본사가 망해가지고."

본사 입장에서는 부도지만 가맹점 입장에서는 돈을 떼인 거다. 암암리에 부도 소문이 돌던 시기에도 본사는 가맹점에 물건을 넘겼다. 오히려 선납을 요구하는 물량 수와 금액이 커졌다. 지금도 본사를 상대로 소송 중이라 했다.

"(가맹점 문을 닫고) 형님 회사에 좀 있다가 눈치 보여서 나와가지고, 집에서 2년을 놀았어요. 참 지겨워 죽겠더라고. 내 나이에 노는 사람 어디 있어요? 교차로를 보고 전화를 했고 여기 태경산업에 들어왔죠. 현장에서 일하는 것이 처음이에요."

공식적으론 자영업자 폐업률 80퍼센트라는 수치가, 비공식적으로는 이들의 퇴직금을 노리는 사기꾼들에 대한 이야기가 퇴직자들의 미래를 예측하게 한다. 희망, 명예, 정년. 무엇을 이름붙이건 퇴직 이후 해피엔딩은 흔치 않다. 작은 회사 사람들에겐 희망 없는 희망퇴직일 뿐이고, 그나마 규모가 있는 회사에 다니면 퇴직금을 희망인 줄 알고 들고 나온다. "집에서 놀기 그러니" 돈을 긁어모아 사업을 한다. 그리고 소규모 창업자 열에 여덟은 한다는 폐업을 한다. 돈을 날렸으니 당장 생활비를 벌기 위해 일을 해야 한다. 몸이 아프면 병원비가 나가니 일을 해야 한다. 부양가족이 있거나, 사고가 나거나, 무엇이 되었건 일을 해야 하는 이유가 있다. 국민연금 성실 납부자라 해도 만 65세 이후에 주어지는 몇 십만 원으로는 생활을 감당할 수 없다.

이들을 기다리는 것은 '더 작은 회사'였다. 나이든 노동력을 받아주는 회사는 사람이 당장 급한 곳이다. 급하니 나이를 가리지 않는다. 사람을 매일 같이 구한다는 것은 매일 같이 사람들이 (버티지 못하고) 나간다는 말이다. 사람이 버티지 못하는 곳. 작고 열악하다.

처음에는 그런 자신의 처지를 받아들일 수 없어 퇴근길에 늘 화가 났다고 했다. "세월이 흐르니까 잊히고, 받아들이게 됐죠." 무엇을 받아들였나. 지천명(知天命). 하늘의 뜻을 알지는 못해도 세상 물정 정도를 알게 되는 나이가 쉰이다. 쉰을 넘으면 깨닫게 된 세상사가 있었다. 자기 나이대에 찾을 수 있는 일자리는 전단지, 현수막, 벼룩시장 무가지에 있다는 사실이다. 직장에서 일해온 시간도, 여러 차례의 창업도 경력이 되지 못한다. 나이만이 이들을 증명할 뿐이다. 세상 기준보다 낮은 값을 받아도 되는 노동력이라는 사실을.

후려치기 당하는 노년 노동

두 사람이 다니는 태경산업은 중장비 기기에 들어가는 고무호스 제조업체이다.

"고무를 전기로 쪄내야 하는데 그러면 형틀에서 모형이 만들어지는 과정에서 온도가 600도쯤 되죠? 거기에 찌려고 하면은, 여름철 같은 경우는 사우나에서 일을 한다고 보면 됩니다."

이병철의 말이다. 옆에서 조재식이 150도라 정정한다. 정확한 숫자가 무엇이건 그들 몸 군데군데 화상 자국을 남길 만한 온도다. 고무 다루는 작업은 험하기로 유명하다. 고무를 태웠을 때 냄새를 떠올리면 어느 정도 예상이 된다. 고무를 가열했을 때 나오는 악취 섞인 연기와 딱딱하게 굳은 고무의 무게, 여기에 최저임금, 시도 때도 없이 요구받는 잔업과 특근. 이 모든 것이 젊은 사람을, 그러니까 다른 곳으로 갈 기회가 아직은 막혀 있지 않은 사람을 견디지 못하게 만든다. 발목 잡힌 사람들만 남는다. 한쪽은 나이라는 족쇄에 묶여 있고, 다른 한쪽은 고용허가제에 묶여 있다. 50인 사업장인인 태경산업은 절반 정도가 이주노동자다.

"최저임금이 오르니까, 소사장들이 단가가 안 맞는다면서 나간 거예요. 그 사람들이 자기 직원들 데리고 나가니까 그걸 메우려고 사람을 채용하는데, 한국 사람들은 안 오니까. 이주노동자들로 채우는 거고."

태경산업은 소사장을 두었고(소사장은 도급, 용역의 다른 형태다), 소사장은 자기 직원을 파견업체를 통해 고용해왔다. 이들이 떠나자 사장은 그 자리에 이주노동자를 고용했다. 이병철이 말한 '한국 사람이 안 오니'를 풀어 말하면 이렇다. 회사는 자리가 빈 만큼 사람을 채용하고 싶지 않으니 두 사람 몫을 감당할 한 사람이 필요하다. 두 몫 할 젊은 사람이 한 사람 몫도 안 되는 이 돈 받고 일할 리 없으니 외국에서 온 젊은 노동자를 채용한다. 이주노동자의 최저임금은 올라봤자다. 회사는 어떻게든 상여금과 각종 수당을 없애고, 기숙사비를 올리고 회식비에 상조회비까지 챙겨 받는다.

그런데도 세상이 '힘든 일 안 하려 한다는' 한국 젊은이를 탓하고, '한국인 일자리 뺏는다는' 이주노동자라는 누명을 씌우고, 그 사이를 '쓸모없는 노동'이라 낙인찍힌 노년 노동이 메운다. 이들에게 주어지는 것은 아무나 할 수 없는 일이다. 아무리 배운 게 많아도, 힘이 세도, 혈기가 넘쳐도 못하는 일. 손에 익고 일머리가 깨어야 할 수 있는 일들이 대부분이다. 경험과 숙련이 요구된다. 그런데도 이들이 하는 노동에는 '저숙련'이라는 이름을 붙는다.

저숙련, 단순, 반복이라는 말이 붙는 노동의 특징은 '대체 가능'이다. 언제든 내 자리가 다른 사람으로 대체될 수 있다는 위협감은 '이 돈 받고도 일하는 사람'을 만든다. 그러나 이병철은 자신은 쉽게 대체될 수 없다고 당당히 말한다.

"내가 없으면은 회사가 일을 못 합니다. 작년에 고무호스를 끼우다가 산재가 났는데. 한 달 회사를 못 갔어요. 내 없을 때 회사에서는 이 사람도 넣어보고 저 사람도 넣어보고. 못해요. 고무 모형이 10개 20개가 아니고, 1,000개가 넘어요. 그만큼 다양하게 있다는 겁니다. 저도 다 몰라도 800개 정도는 아는데. 며칠 와서 일하는 사람이 그걸 다 기억할 수가 없어요. 내가 없으면 안 된단 말이에요. 회사도 알고는 있는데, 그래도…."

회사는 알고 있지만, 그래도 인정하지 않는다. 저렴하기에 사용하는 노동력이다. 그 노동을 인정하는 순간 저렴하게 사용할 수 없어진다.

탓을 하는 이는 사장이나 관리자 개개인만이 아니다. 이 사회가 노년 노동을 얕본다. 이는 사회가 노년 노동(과 저숙련·육체·단순·반복이라 부르는 노동)을 관리하는 방식이기도 한데, 따로 부르는 말이 있다. '후려치기'. 알다시피 흥정을 할 때 물건을 후려치는 이유는, 가격을 깎기 위해서다. 애초에 저렴한 노동은 없다. 이런 과정을 거쳐 값싼 노동이 만들어진다.

어디든 같다면 떠나지 않겠다

"(직장 생활을) 처음 해보니까. 내 노동력을 팔아서 임금을 가져가는 일은 진짜로 힘들구나. 절실히 느꼈어요. 그렇지만 생활은 해야 하니 어쩔 수 없이 지금까지 하고 있습니다. 생활은 해야 하니까."

'남들은 한 달도 못 버티는 곳에서 어떻게 이토록 오래 일하나요?'라는 내 철없는 질문에 대한 이병철의 답이다. 대답은 여기서 그치지 않는다.

"성서공단이라는 곳이 그렇습니다. 대단히 임금이 낮고 힘든 일. 70~80퍼센트가 다 그렇습니다. 매사 똑같습니다. 옮겨본들 훨씬 더 나은 데는 없습니다. 실제로 우리 노동자들 이야기를 들어보면 다 열악해요."

세상이 발목 잡힌 노동자를 다루는 방식이 빤하다. 사업장을 옮긴다고 해서 인생이 편해지진 않는다.

나이듦을 서러워하지만, 내가 성서공단에서 만난 이들은 지나간 시절을 추억하며 지금을 사는 사람이 아니었다. 자신들을 성서공단 1퍼센트라 지칭했다. 공단으로 출근하는 사람은 6만여 명. 그러나 노동조합(민주노총)에 가입한 사람은 500여 명이다. 노조 조직률은 1퍼센트 수준이다. 이병철과 조재식은 6년 전, 1퍼센트가 되기로 마음먹었다.

"관리자들 횡포가 심했습니다. 자기들보다 나이가 많아도 반말 찍찍 하고. 수시로 한 번씩 와 가지고 정리정돈 안 됐다고 소쿠리 같은 것 발로 툭툭 차고. 말하자면 황제 노릇이죠. 아, 이대로는 안 되겠다. 그 당시엔 명절이나 여름휴가 때 주는 보너스 이런 것도 사장이 기분 좋으면 20만 원, 기분 안 좋으면 10만 원. 그러면 명절 전날 출근해서 사람들이 사장 왔는지, 사장 기분이 어떤지, 눈치부터 살피는 거예요."

이런 처지가 성서공단 어디든 비슷하다고 했다. 어디든 같다면 떠나지 않겠다, 마음 먹었다. 대신 자신이 있는 자리를 바꾸면 된다고 생각했다. 쉬운 선택은 아니었다. 2015년 성서공단 노조에 가입한 이래, 매해 회사 앞에 천막을 쳐야 했다. 그런데 싸우는 사람은 둘셋 뿐이었다. 노조 만들고 두 달도 되지 않아 조합원들의 탈퇴가 줄줄이 이어졌다. 사장실로 한 번 불려가면 다음날 탈퇴서를 냈다. 탈퇴서는 몇 십 만 원 더 붙은 월급이나 촉탁직 계약 연장 같은 것들과 맞바꿔졌다. 떠나는 동료들을 보며 조재식은 결심을 했다.

"내 마음은, 이 회사에 노조 게시판 하나는 분명히 걸어 놓을 거다. 내 혼자 생각이었어요. 끝까지 노조에 남아 관철을 시켜 달아 놓을 거다."

몇 해 지나, 노조 게시판이 회사 복도에 자리 잡았다.

"노조 만들고 난 뒤에는 명절 때 사장이 나오는지 안 나오는지 신경 안 쓰죠. 사장 기분과 상관없이 단체협약에 상여금은 정해져 있는 거니까."

또 하나의 변화는 말꼬리 자르는 관리자들이 사라졌다는 것. 알고 보니 반말 안 해도 작업지시 잘 내릴 수 있는 사람들이었다. 관리자들의 존대 사용은 직원 절반을 차지하는 이주노동자에게도 해당했다.

성서공단 노동조합이 만들어진 지 20여 년. 그간 노조가 꾸준히 활동을 한 덕분에 공단 사람들은 제법 노조를 안다. 일터에서 개인이 도무지 해결할 수 없는 문제가 생기면 '저곳'을 찾아가야 한다는 인식 정도는 있다고 했다. 그러나 30인 미만 사업장이 한 집 걸러 한 집인 상황. 그곳에 일하는 대다수가 이주, 노년·파견·용역·일용직·아르바이트 노동자다.

게다가 노조가 생기면 회사는 '가뜩이나 제조업 하기 힘든데 노조가 웬말이냐'며 문 닫는 시늉을 한다. 회사를 쪼개어 이전하기도, 제3세계 외국으로 떠나 버리기도 한다. 10년 사이 성서공단의 업체 수는 2배로 늘었지만, 고용된 머릿수는 조금도 늘지 않았다. 10명이 일하던 회사가 쪼개지거나 사라져 이제는 5명이 일하는 회사 2개가 생겨났다는 소리다.

작은 사업장에서 '노조하기'란 쉽지 않다. 그러나 회사는 '지불능력 부족'만을 읊고, 정부는 기본적인 노동법 위반조차 감독할 의지를 보이지 않는 상황에서 태경산업 동료들은 1퍼센트를 선택했다. 그렇지만 이제는 두 사람만 남아 노동조합을 지키고 있다. 노조를 탈퇴하지 않아도, 나이를 이기지 못한 몸이 아프거나 정년(60세)이 되어 떠났다. 두 사람도 곧 정년을 맞게 된다.

회사는 정년퇴직을 앞둔 이들에게 1년 계약직 노동(촉탁직)을 권했다. 말이 권한 것이지 받아들이지 않는다면 퇴직밖에 길이 없었다. 촉탁직이란 같은 자리에서, 같은 업무를 함에도 하루아침에 지위가 변하는 일이다. 최저임금 1년 단위 계약직. 이 두 사람에겐 촉탁직 제안이 오지 않을 가능성도 컸다. 노동조합 활동을 했기에 회사에 밉보였다. 이들이 만 60세가 된다는 것은, 태경산업에서 노동조합이 영원히 사라진다는 의미였다. 조재식이 지키고 싶었던 노조 게시판은 그날로 사라진다. 그래서 두 사람은 정년 연장과 촉탁직 문제 해결을 내걸고 싸웠다. 이들의 의지는 정년 연장이라는 결과로 돌아왔다.

성서공단의 봄

노동조합 가입률이 10퍼센트에 불과하지만, 그마저 나이가 들면 일터와 노조를 떠날 것을 요구받는다. 그런데 성서공단에도 젊은 한국인 노동자들이 있다. 그들은 대부분 성서공단 3차 단지에서 일한다. 3차 단지는 반도체, 전자산업 업체가 집중된 곳으로, 이곳에서 일하는 20~30대는 대다수 파견직이다. 그들은 통근버스에 실려 왔다가 실려 간다.

"젊은 사람들 있는 지역으로 우리도 진출해보자. 밤에 노조 가입하라고 3차 단지에 안내 전단지를 붙이는데, 붙이면서도 얼마나 참. 카, 이걸 보고 사람들이 노조 가입을 하겠지. 어떻게 하면 잘 보이게 할까. 애틋한 마음으로 붙였는데."

"그래서요?" 물으니, 이병철은 허탈하게 웃는다. "아니. 연락이 하나도 안 왔어요." 세상일이 그리 쉬울 리가 없지. 전단지와 현수막에 적힌 일자리 말고는 자신을 받아주는 곳이 없다는 사실을 인정해야 했던 이가 이제 다른 마음을 품고 전단지를 붙인다. 그걸 붙일 때 조금이라도 잘 보이게 하려고 위치를 고심했다는 그는 그날 충분히 설레고 애틋했다.

대화 내내 현실적이고 차분하던 조재식은 성서공단의 미래를 묻는 말에 회의감을 품은 얼굴이 되어 말했다. "성서공단에는 내일이 없습니다." 경제지에서는 혁신성장 선도 산업이라며 공단 내 미래형 자동차산업 구축을 말하고, 금색 배지 단 의원들은 공단 내 기차역 설치를 요구하며 이것이 성서공단의 미래라고 말했다. 하지만 성서공단 10년 차 조재식은 "성서공단에는 봄이 안 온다"고 했다. 어떤 산업이 들어와 어떤 규모로 산업단지가 발전해도, 공단 내 열악한 저임금 현실은 떨칠 길이 없다는 말. 그런데도 내가 "어떻게 하면 봄이 올까요?" 묻자, 조재식은 다시 물음으로 답을 돌린다.

"일하는 사람들이 진짜 용기를 내가지고 하면 바뀔까요?"

봄은 멀어 보인다. 폐업과 휴업 소식이 끊이지 않는다. 그렇지만 나는 봄이 오지 않을 거라고 말하면서도 일하는 사람들의 용기에 기대를 거는 그들을 크게 염려하진 않는다. 우리가 나이에는 힘이 있다고 믿듯, 사람에게는 봄을 되찾는 힘이 있다고 믿으니까.

2.
뿌리내리는 이들을 만나다[103]

고려인 마을에서 만난 사람들

광주역에서 내려 택시를 잡아탔다. 비가 온다는 예보가 있었지만 하늘만 좀 탁할 뿐이다.

"기사님, 고려인 마을로 가주세요."

기사는 잠시 뜸을 들이다가 '월곡동 말합니까?' 하며 차를 출발시킨다. 고려인 마을은 광주시 광산구 월곡동에 자리 잡고 있다.

"거기 고려인 사람들 많이 살지요?"

정보라도 들을 겸 말을 걸어보기로 한다.

"외국인들 많지요."

"광주에도 이주노동자들이 많나 봐요"

"엄청 늘었어요. 그래도 여기선 볼 수가 없죠."

외국인들이 살긴 사는데 시내에선 볼 수 없다. 그들은 공단 근처에 있다고 했다. 목적지인 월곡동은 하남공단과 가까워 공단으로 출퇴근하는 이주노동자들이 모여 산다.

---

103 희정, 〈광주 월곡동 고려인 마을, 뿌리내리는 이들을 만나다〉, 《오늘의문예비평》 2019.

택시기사는 자기는 서울 사람인데 30년 전 광주로 왔다고 했다. 하남공단이 설립될 때 발령을 받아 온 것이다. 세월이 흘러 퇴직을 했고 지금은 택시를 몰며 노년을 보낸다. 그 사이 공단도 변했다. 고려인을 포함한 이주노동자들이 공단을 채우고 있다. 공단 사람들의 거주지였던 월곡동도 외국인 간판이 무성한 거리가 됐다. 그곳에서 있던 한국인들은 어디로 갔을까? 기사가 말한다.

"더 좋은 데로 갔겠죠."

나라가 발전했으니까? 1인당 국내총생산(GDP) 3만 달러를 달성했으니까? 사람들이 쉽게 말하는 것처럼 요즘 젊은이들은 공장 일 같은 힘든 노동은 안 하려 하니까? 말의 의도를 묻지 못한 채 대화는 끊긴다. 주택가가 펼쳐진 곳에 택시가 섰다. 고려인 마을에 도착했다.

한적한 주택가 속 고려인 마을

오전 10시. 한가하다. 대다수 사람이 출근을 한 시간. 시끌벅적한 이국적 활기를 기대했던 건지 조용하기만 한 주택가가 낯설다. 고려인들의 거주지임을 알려주는 러시아어 간판이 군데군데 보인다. 여기에 사는 고려인이 3천여 명이라고 했던가.[104]

---

104 2018년 기준 광주시 광산구에 따르면 월곡1·2동 고려인마을에 거주하

고려인은 조선 말과 일제 강점기 시절 러시아 지역으로 이주를 한 이들과 그 후손을 가리킨다. 1863년 9월, 함경도 농민 13가구가 두만강을 넘어 러시아 포시에트 지역에 정착해 밀을 경작하고 있다는 국경수비대장의 보고가 고려인에 대한 첫 공식기록이라 했다. 150년 후, 그 후손들이 한국을 찾는다. 그 수가 9만여 명이다.[105]

2007년 방문취업비자(H-2)가 구소련 지역 동포들에게 발급된 후, 국내 고려인 수는 해마다 급증했다. 2014년 4만 명이라 추정되던 국내 고려인이 5년 사이 2배 넘게 늘었다. 그런데도 살면서 고려인을 만날 일이 없다. 택시 기사의 말 대로, 외국에서 온 다른 이주노동자들과 함께 고려인들은 공단에 숨겨져 있다. 그나마 존재를 드러내는 것이 '고려인 마을'과 같은 명칭이다.

고려인마을 지원센터로 향했다. 파란색 간판이 도드라져 찾기 어렵지 않았다. 센터로 가니 신조야 대표가 맞아준다. 그녀는 꽤 유명한 인물이다. 광주에서 '고려인 대모'라 불리며, 그 자신도 미등록 체류자로 하남공단에서 일하다가 외국인근로자문화센터와의 만남을 계기로 고려인들을 지원하

는 등록 외국인(3,014명)과 외국 국적 동포(1,645명)는 4,659명에 달한다고 한다. 미등록을 고려한다면 5천 명 이상의 외국인과 동포들이 거주하는 고려인 마을에 고려인 수는 3천여 명으로 추정된다.

105 2019년 3월 31일 기준 출입국관리소 통계에 따르면, 국내에 체류하는 등록 고려인 수는 882,193명이다. 미등록 거주 고려인을 포함한다면 9만 명 이상이라 추정된다.

는 일을 하게 됐다. 2004년 광주에 고려인 공동체가 구성되고 대표자로 선출된다. 지원센터가 개소한 것은 2009년. 그 후 10년간 월곡동을 고려인 마을로 부르며 지금의 모습을 갖춰 왔다.

지원센터는 2층짜리 주택에 자리잡았는데 1층은 어린이집으로 운영된다. 어린이집을 슬쩍 들여다보니 다양한 색의 머리카락을 가진 아이들이 수업 중이다. 백 년 넘게 타지에서 살아가는 동안 고려인들은 아이들 머리 색만큼 다양한 문화와 환경을 지녔다. 고려인의 식탁을 보면 그 삶이 보인다. 각 민족의 음식이 상에 오른다. 지금도 김치와 비슷한 샐러드(카레이스키 살라트)를 곁들여 국수와 탕을 먹는 식탁에 양꼬치와 우즈베키스탄 빵이 주식으로 오른다.

센터 상담실 테이블에 차려진 다과에서도 그런 흔적이 엿보인다. 러시아식 손님접대라 했다. 러시아식 초콜릿과 차, 과일이 놓인다. 신조야 씨는 우즈베키스탄에서 왔다. 그녀의 부모는 강제이주 세대다. 포도를 권하며 그녀는 우즈베키스탄은 날이 덥고 해가 뜨거운 나라라 한국보다 과일이 크고 달다고 했다. 너무 달아 자기 입맛에는 안 맞는다고 도리질하다가 그래도 참외는 가끔 생각난다고 한다. 작고 노란 참외가 아니다. 그것은 조선참외 또는 간참외라 불린다고 했다. 우즈베키스탄 참외는 성인 남자 두 손으로 잡기에도 버거운 둘레를 지녔다.

기후도 먹는 것도 다르다. 조선 땅은 물론이고 고려인들의 첫 정착지 연해주와도 다른 풍토. 강제이주 열차에서 내린 고려인들에게 낯선 풍경이 펼쳐졌다. 아무것도 없었다. 그럼에도 농사를 짓고 살아냈다. 누군가는 할아버지가 해준 이야기를 떠올리며 그때 그 시절 "나뭇가지로 땅을 파 농사를 지었다"고 한다. 고려인의 150여 년은 가혹한 이주와 정착 과정에서 흘린 땀으로 채워졌다.

희망의 땅 연해주

강제이주 세대는 자식들에게 연해주가 얼마나 풍요로운 땅이었는지를 말해왔다. 연해주 근처에도 가본 적 없는 세대들도 "땅이 좋아 감자를 심어도 맛나고 물에는 고기가 가득한" 곳이라 연해주를 떠올렸다. 19세기 말 고려인 1세대가 러시아 국경을 넘었다. 두만강을 건너와 몇 날 며칠을 걸으면 풍요로운 땅이 펼쳐졌다. 시간이 지난 후 러시아 극동 땅에 가난과 일제의 핍박을 피해 국경을 넘은 이들이 대거 몰렸다.

이주 초창기에는 러시아 제국도 너그럽게 굴었다. 조선인들의 농토 점유를 허락하고 마을을 형성할 땅도 내줬다. 귀화도 자유로웠다. 러시아 입장에서 조선인들은 극동 지역(연해주 등)의 황무지를 농토로 개간할 좋은 노동력이었다. 당시 연해주 등지는 철길도 나지 않은 외지라 정착하러 오는 자국민이 없었다. 그런데 조선인들이 대거 이동해 온 것이다.

1890년대 말 러시아제국 인구조사에 의하면, 조선말 하는 사람의 수가 2만 6천명에 달했다. 당시 연해주에 한인 마을만 32개가 세워졌다. 조선인 수가 급증하자 환대도 눈에 띄게 줄어들었다. 러시아는 자국민들에게 연해주로 이주를 권장하기 시작했고, 조선인들은 이주해온 러시아인들과 농토를 두고 경쟁해야 했다.

"고려인의 정착을 위해 지정된 영토는 너무 광대하다."[106] 고려인을 경계해야 한다는 식의 보고가 러시아 관리들에 의해 올라오고 광산업과 어업에 고려인 취업이 제한된다. 조선인에게는 농토 배분 제약을 두는 등 계약과 차별이 생겨나던 시기, 조선은 외교권을 일본에게 박탈당한다. 그에 따라 극동지역에 거주하는 조선인에 대한 일본의 통제마저 노골화됐다.

조선인들의 입지는 좁아졌지만, 당시는 혁명과 내전으로 러시아가 격동을 겪던 시절. 조선에서 온 혁명가들은 볼셰비키와 연대해 적백내전에 참전하거나 정치조직을 형성하는 등 국제 정치의 흐름에 조응한다. 연해주는 혁명과 항일운동에 뛰어든 다수의 각성된 집단이 존재하는 곳이기도 했다. 창의소, 13도의군, 권업회 등 단체들이 조직되고, 교육과 언론이 지역사회에서 차지하는 비중이 컸다. 1908년《해조신문》을 시작으로 한글신문이 발행되어《선봉》,《새 세계》,《노동

---

106 톰스크 문서 보관소 소장 자료,《1865년에 프리모르스카야주에 파견된 총사령부의 겔 메르센 대위 보고서》. 이상근,〈고려인 중앙아시아 강제이주 과정 및 정착과정〉,《국사관논총》제 103집, 2003에서 재인용.

신문》 등 7개의 신문과 6개의 잡지가 발행된다. 1917년 이전까지 45개 정도였던 한인 초급학교는 20년 뒤에는 287개로 증가해, 학생 수만 2만여 명에 다다른다. 당시 국내(조선)보다 문맹률이 낮았으리라 추측된다. 연해주는 그런 땅이었다.

러시아는 200여 개의 서로 다른 민족 집단이 존재하는 나라. 저마다의 민족공동체가 형성되어 있었고, 조선인들의 정치적 고양은 민족자치구 요구로 나아갔다. 이미 한인 마을인 신한촌(블라디보스톡 서북쪽)는 노동부, 위생부, 교육부를 둔 자치행정구역이기도 했다. 색중청과 같은 한인 자치기구들이 규모 있는 마을마다 설치됐는데, 자율적으로 임원을 뽑아 치안과 관혼상제 등을 챙기는 역할을 했다.

1935년 유대인 민족자치주가 설립됐다는 소식은 조선인들에게 희망을 불러 일으켰다. 다음 해 소련이 헌법을 개정해 '전 인민의 국가' 되었음을 선포한다. 그리고 1937년 8월, 러시아 영토 내 고려인을 중앙아시아로 강제이주하라는 명령이 떨어진다. 희망이 사라졌다.

강제 이주와 삶의 무게

1937년 8월 21일 자로 극동지역 거주 한인들을 중앙아시아로 이주시키라는 소련 중앙위원회의 명령이 있었다. 이주가 시작된 것은 9월 초. 불과 3~4개월 만에 수십만 킬로미터 떨어진 중앙아시아로 고려인 17만 명이 옮겨진다.

과정에서 당연히도 폭력이 있었다. 강제이주에 반대한 고려인 지도자들이 숙청됐다. 마을별로 사람들이 열차에 태워져 꼬박 한 달을 달렸다. 가축칸에도 사람을 태웠다. 고된 여정을 이기지 못하고 사망한 이들의 시신을 멈추지 않는 기차에서 던져 기찻길 주변이 한인들의 백색 옷으로 뒤덮였다는 이야기가 전설처럼 내려온다. 카자흐스탄 땅에 한밤에 도착한 고려인들이 추위를 이기기 위해 서로를 감싸 안아 거대한 산을 만들었다는, 세월에 거쳐 구전처럼 전해지는 이야기도 있다. 소련은 강제 이주를 공식적으로 인정하지 않지만, 부모 세대의 입으로 이주의 경험은 전해져 내려왔다.

　소련 당국은 토지가 지급될 것이라 약속했지만, 기록에 따르면 1년 가까이 거주지조차 지급되지 않은 지역이 다수였다. 풀을 뜯어 삶아 먹고, 현지인들이 가져다주는 음식으로 연명했다. 주거는 토굴을 파서 해결했다. 당시 우즈베키스탄과 카자흐스탄의 토굴만 5만여 개. 목수였던 할아버지를 둔 이는 그 당시 매일 관을 짰다는 할아버지의 기억을 전해준다. 당장 내 몸 하나 머무를 곳도 없지만, 사람을 떠나보낼 때는 관을 만들었다. 지금도 고려인들은 묫자리를 쓰고 3년간 친척을 불러 모아 제를 지내는 풍습을 유지한다고 했다.

　실제 러시아 공식 문서가 보고한 대로 이주 과정에서 500여 명이 사망했는지, 구술로 전해지는 대로 수만 명이 하얀 길을 만들었는지는 모른다. 중요한 것은 숫자가 아니다. 이야기되어야 할 것은 어느 날 자신의 의지와 무관하게 삶의 터전을 빼앗겼다는 사실이다. 강제 이주의 이유를, 고려인을 연구해온 모스크바 고등경제대학 송잔나 교수의 저작에서 가져온다.

"17만 2천여 명의 값싼 노동력이 중앙아시아에 도착했다."[107]

당시 소련은 미개척지의 집단(농장)화가 필요한 시점이었다. 1920년대부터 중앙아시아에 집단 농장을 건설하는 데 막대한 예산이 투여됐으나 실패했다. 낯선 풍토와 현지인과의 갈등 등을 이유로 이주 첫해 이주자 중 절반 가까이 돌아갔다는 기록도 있다. 실패를 번번이 맛본 소련 당국은 저항이 약한 소수 민족을 활용하기로 한다. 소수 민족 중 1순위는 조선인이었다. 국적 없는 민족. 갈 곳 없는, 조직될 가능성 없는, 보호막 없는 식민지 사람들부터 옮겨졌다. 소련이 '전 인민'의 나라를 선포한 순간조차 민족 내 위계가 형성되고 그것이 비용으로 매겨진다. 그렇게 17만여 명의 값싼 노동력이 중앙아시아로 옮겨졌다. 그곳에서 집단 농장을 이루고 살던 세대의 자손들이 다시 한국으로 이주해오는 데는 한 세기가 걸렸다.

끝나지 않는 운명

"갈퀴, 도리깨. 그거 우리도 다 썼어요. 밭에서 부모님이

---

[107] 송잔나, 〈소련의 이주 정책과 고려인 강제 이주〉, 전주대학교 한국고전학연구소 국제학술대회 발표, 2016.

쓴 거 아직도 기억나요."

　신조야 씨는 어릴 적 살던 우즈베키스탄 콜호즈(집단농장) 마을과 한국의 시골을 비교한다. 중앙아시아에 고려인들을 보낸 소련은 애초 목적대로 콜호즈를 형성한다. 대다수 고려인으로 구성된, 일명 고려인 콜호즈만 해도 60개가 넘는다. 나이가 지긋한 사람들은 그때의 콜호즈를 작은 조선이라 불렀다. 고려인들은 조선말을 썼다. 남한에서 쓰는 말과는 또 다르다. 자기들끼리는 고려말 사투리라고 불렀다. 들어보면 함경도 방언과 유사한 말. 그러나 신조야 씨 말투에는 경상도 방언이 섞여 있다. 조부모의 고향이 경상도라고 했다. 광주에 15년 이상 거주했기에 전라도식 방언도 섞여 말이 나온다.

　어릴 땐 가자미식해를 먹었다.

　"그걸 여기(광주) 사람들은 안 먹더라고요."

　강원도와 경상도에서만 먹는다는 가자미식해를 우즈베키스탄에서 먹었다. 고려인들의 경로만큼 그들의 문화는 다양하게 변이되고, 그럼에도 변하지 않는다. 고려인들은 중앙아시아에 정착해 콜호즈에서 벼농사를 지었다. 양파와 수박을 심었다. 목화도 심었다고 한다. 살아남기 위해 손발이 닳도록 일했다. 그 결과 소련당국으로부터 노동영웅 표창을 받는 조선인들이 나오고, 김병화 농장[108] 같이 고려인 이름을

---

[108] 북극성 농장이었으나 1980년대에 노동영웅 김병화의 이름을 따서 '김병화 농장'이라 명칭을 변경한다.

딴 콜호즈도 생긴다. 1960년대까지 고려인들 사이에서 201명의 '노동영웅'이 배출됐다. 노동영웅은 고려인의 자부심이라 했다. 몇 배 몇 십 배로 수확량을 올려야 받을 수 있는 영웅이라는 칭호. 그 근면과 자부심이 귀결되는 곳에는 소련 사회에 안정적으로 정착하고자 하는 바람이 있었다.

성공적인 정착은 콜호즈를 떠나 전문 직장을 갖는 것으로 꿈꿔졌다. 통행증을 빼앗기고 콜호즈에 몸이 묶인 강제이주 세대는 자신의 자녀들은 다른 삶을 살 것을 기대했다. 기대는 높은 교육열로 이어져, 1980년대 고려인 자녀의 대학 진학률은 25퍼센트를 기록한다. 4명 중 1명이 대학에 가고 5명 중 4명이 도시에서 직장을 가졌다고 한다. 수만 킬로 떨어진 곳에서 한국 사회를 지배하는 욕망을 본다. 그러나 1991년 소비에트 사회주의 공화국 연방은 해체된다.

소비에트 공화국들이 독립국가로 전환된 발판은 민족부흥 운동이었다. 1980년대 고르바초프의 페레스트로이카(개방 정책) 이후, 각 공화국들의 민족주의 흐름은 강해진다. 연방으로 묶여 있던 민족들의 독립운동과 분규가 확대되고 이는 소련의 붕괴를 앞당기는 요인이 된다. 이들 국가는 독립 후에도 자민족 중심 정책을 꽤 오래 유지했다. 2004년에는 우즈베키스탄의 모든 공문서가 우즈베크어로만 작성된다. 러시아어를 사용해 온 고려인들은 새로운 언어 장벽에 부딪친다. 사회 주류로 가고자 하는 소수 민족의 꿈은 그렇게 좌절됐다. 학교 수업도 우즈베크어로 진행됐다. 많은 고려인 교사들이 교편을 내려놓아야 했다. 다른 직업들도 마찬가지였다. 그래서 고려인들에게 한국에 온 이유를 물으면 비슷한 대답을 하곤 했다.

"우즈베키스탄 사람 아니면 좋은 일자리를 얻을 수 없어요."

그런 가운데 정국은 불안했고, 물가는 요동쳤다. 우즈베키스탄을 비롯한 중앙아시아 고려인들은 일할 곳을 찾아 흩어진다. 그중 한국이 있었다.

고려인들의 역사는 뿌리를 내리기 위한 발버둥이라 해도 과언이 아니다. 터전을 잡으면 가혹한 운명이 뿌리를 뒤흔들어 낯선 곳으로 옮겨놓았다. 처음에는 연해주(러시아 극동), 다음에는 중앙아시아. 이 또한 끝이 아니었다.

우즈베키스탄에서 안산으로 온 지 2년째라는 한 여성은 자신의 할머니가 강제이주 당할 때 연해주에 두고 온 가축 이야기를 꺼냈다. 갑작스러운 이주 통보에 짐도 제대로 쌀 수 없었다. 할머니는 두고두고 연해주에 놓고 온 돼지들을 아까워했다. 듣다가 물었다. 그 자신이 한국에 올 때 우즈베키스탄에 두고 온 것은 무엇이냐고. 그는 자격증 이야기를 했다. 박사 학위가 있고, 변호사 자격증도 있다고 했다. 두 차례 유학을 다녀오기도 했다. 한국 땅에선 무용한 일들이었다. 그는 모든 것이라 답하고 싶었을 게다. 옛 소련 땅에서 쌓아 올린 모든 것을 두고 왔다. 조부모 세대가 작은 짐보따리를 들고 열차에 오른 것처럼. 낯선 곳에서 자산 없이 뿌리내려야 하는 역사는 되풀이되고 있다.

배제된 곳에서 떠나다

신조야 대표는 고려인 마을을 돌아볼 것을 권했다. 한국에서 대학을 다닌다는 리가이 씨가 안내를 맡았다. 그이 선조들의 성은 '이 씨'. 전해오는 이야기에 따르면, 귀화 당시 조선인들이 자신의 성을 '이가요, 박가요'라고 한 것이 러시아 관리들에 의해 '리가이' '박가이'로 기록되어 이름이 되어 버렸다고 한다.

리가이 씨를 따라 러시아어 간판이 달린 음식점, 카페, 식료품점, 아동돌봄센터 등을 둘러본다. 주택가 사이사이 자리해 있다. 식료품점에 들어가니 우즈베키스탄에서 주식으로 먹는 커다란 빵인 레표시카가 가판에 진열되어 있다. 한쪽에는 다양한 종류의 보드카가 있다. 고려인들은 술을 좋아하느냐고 물으니, 그저 웃는다. 고려인 식당에서 보드카에 탕을 안주 삼아 먹는 사람들을 본 기억이 있다.

그에게 한국에 오게 된 연유를 물었다. 카자흐스탄에서 나고 자랐지만 대학은 러시아에서 다녔다. 컴퓨터를 전공했다고 한다. 바로 이어 그 전공으로는 러시아에서 먹고 살 수 없다고 말한다. 자주 받는 질문인가 보다. 그보다 더 자주 받는 질문은 이것이겠지. 왜 한국에 왔나요?

1991년, 리가이 씨가 어렸을 적 소련이 해체됐다. 소비에트 사회주의 공화국 연방이 사라진 것이다. 우즈베키스탄 등 독립을 한 중앙아시아 국가는 한동안 극심한 혼란을 겪는다. 인플레이션으로 인해 돈이 하루아침에 종잇조각이 되기를 반복하고, 치안은 흉흉했다. 러시아로 이주해도 사정이 크게 나아지지 않았다.

그는 신학을 공부하기로 마음먹은 후, 진학 대학을 고민하다가 한국행을 결심했다고 한다. 모스크바에서 신학대학을 다닐 엄두가 나지 않았다. "물가가 너무 비싸요." 학비는 물론 집값도 감당할 수가 없었다. 한국에 와서 야간대학을 다니며 낮에는 고려인마을 지원센터 일한다. 최근에 결혼도 했다.

아내는 카자흐스탄에서 알고 지낸 학교 후배였다. 러시아로 이주한 후 소식이 끊겼다가 2년 전 한국에 와서 다시 만났다. 아내는 안산에, 그는 광주로 이주를 한 게였다. 한국에서 친척과 지인을 우연히 만나는 일이 생각보다 잦다. 그만큼 많은 고려인들이 한국에 들어와 산다.

떠난 곳에서도 도착한 곳에서도 고려인들에게 가장 큰 장벽은 언어다. 중앙아시아 국가들이 자민족 언어를 공식언어로 사용하자 고려인들은 꽤 난감해졌다. 한국에 와서도 말이 안 통하긴 마찬가지. 이들은 한국어를 모른다. 소련 사회에서 더 전문적이고 안정적인 직업으로 진입하는 것을 성공이라 믿은 이들에게 러시아어를 능숙히 사용하는 일은 중요했다. 그러면서 조선말은 점점 힘을 잃었다.[109]

두만강을 넘은 이주 첫 세대와 그 자녀들은 한국어밖에

---

[109] 2016년 재외동포재단이 조사한 바에 따르면, 중앙아시아 고려인 중 34퍼센트가 한국어를 전혀 알지 못한다고 응답했다.

하지 못했다. 그리고 지금의 젊은 세대는 러시아말을 사용한다. 어릴 적 자라오면서 자신의 할머니와 대화하지 못했다는 이야기를 듣는다. 그 손주 세대가 한국에 왔을 때야 비로소 같은 언어(한국어)를 사용할 수 있게 되었으나, 수만 킬로미터 떨어졌다. 말이 통하지 않던 할머니 이야기를 해준 어떤 이는 한국에 오니 자기 할머니와 닮은 노인들이 많다며 웃었다. 생김새가 닮았다. 한국을 '조선 땅'이라 부르던 조부모였다. 그이들이 해준 강제이주 이야기를 한국에 와서 종종 떠올린다고 했다.

"어릴 때라 옛날이야기처럼 들었어요. 재밌다. 지금 계속 생각해요. 할머니랑 할아버지가 얼마나 힘들었을지."

조부모가 처한 상황에 자신이 놓였다. 낯선 땅에 생존을 위해 왔다. 다만 다른 것은 여기는 증조부모의 고향이라는 것. 할머니와 비슷하게 생긴 민족이 산다. 이들은 자신과 같은 민족의 나라에 와서 묻는다.

"나는 외국인입니까?"

한국은 이들을 어떻게 대할지 모르고, 이들은 국적과 언어와 민족 정체성이 서로 다른 가운데 혼란스러워 한다. 러시아어를 쓰는 우즈베키스탄 국적의 고려인.

이들은 외국인 인력정책에 따라 한국에 들어왔다. 2007년 고려인들에게 허용된 취업방문비자(H-2)는 이를 말해준다. 그전까지 이들은 산업연수생 등 일반적인 외국인 인력 제도에 맞춰 한국에 들어왔다. 방문취업비자와 동포비자(F-4)로 물꼬가 트이자 대규모 이동이 이어졌다. 한국에 들어온 이들은 낮은 일자리를 채운다. 낡은 공단으로 간다. 150년 전 러시아가 미개척지 땅을 저렴한 비용으로 개척하기 위해 국경을 넘는 조선인들을 환영한 것처럼, 이들을 대하는 한국 정부의 태도도 다를 것이 없다.

한갓지던 고려인 마을이 조금씩 활기를 띤 것은 오후 6시가 되어서다. 봉고차에서 길가에 서더니 서너 명이 내린다. 한국인과는 확연히 다른 피부와 머리색을 지닌 이도 있고, 고려인인지 중국 동포인지 아니면 베트남 사람인지 외모만으로 분간할 수 없는 이들도 내린다. 공단에서 온 사람들이다. 작은 봉고차가 나름 퇴근버스인 셈이다.

한국에 온 지 9년이 되었다는 이는 온갖 일을 했다. 일하다 마음에 맺힌 일을 이야기 해준다며, 말대꾸했다고 그날로 해고된 일을 꼽았다. 불량 제품을 생산했다고 관리자가 욕설을 퍼붓자 서툰 한국말로 해명을 했다. 그래서 잘렸다.

"한국에서 그거(당일 해고) 불법이라는 거 알고 있어요. 하지만 할 수 없어요. 말 못하니까 참을 수밖에 없어요."

나 또한 그의 말을 통역을 통해 전해 듣는다. 한국에 와 일을 시작하면 언어를 배우는 일은 더 요원해진다. 보통 주6일 근무를 하는데, 주말 하루 쉬는 날에 수업을 찾아 듣긴 쉽지 않다. 이주한 이들에게 비자정책에 대해 설명하는 3시간짜리 강의가 국가가 의무적으로 하는 교육의 전부이다.

국내로 온 고려인 70퍼센트 가까운 수가 단순노무직에

근무하고 있다.[110] 단순노무 일자리라도 구해지면 다행이고 (실업 21.9퍼센트)[111], 임금체불이라도 당하지 않으면 행운이다. (2018년 광주 고려인마을 법률상담 기록에 따르면, 임금체불에 따른 상담이 전체의 90퍼센트를 차지한다.) 그럼에도 실컷 '한국식' 노동강도와 관리자의 폭언에 대해 이야기를 하던 그는 한국에 온 것을 후회하냐는 물음에 고개를 흔든다.

"후회 안 해요. 우리 어머니 우즈베키스탄에서 갑자기 돌아가셨어요. 러시아에 사는 다른 언니들 못 왔어요. 비행기 별로 없고 갑자기 돈 구할 수도 없어서. 나는 갈 수 있었어요."

일을 해 번 돈이 있었다. 중앙아시아보다 나은 국내 항공 서비스로 인해 비행기표를 단시간 내 구해 장례식을 치를 수 있었다. 없는 살림에도 예를 갖춘다. 마지막을 배웅한다. 중앙아시아 낯선 땅에서 매일 새로이 관을 깎아 죽은 이들을 떠나보내던 조상들처럼. 그리고 이제는 누구도 돈 없이는 사람에 대한 예의조차 갖추지 못하는 사회로 들어섰다.

뿌리와 환대

고려인 마을 신조야 대표는 한국에서 고려인들이 사는 일

---

110 전남대 임채완 교수팀 조사, 〈국내 거주 고려인 동포 실태조사〉, 2014. 전국 21개 지역, 고려인 486명을 대상.
111 앞의 조사.

은 뿌리를 내리는 일이라고 했다. 아마 한민족임을 강조하기 위해 한 이야기였을 것이다. 내가 인터뷰를 간 2010년대 말은 고려인의 뿌리가 한반도에 있음이 알려지던 시기였다.

안산에 있는 고려인들의 마을에서 3월 1일이면, 사람들이 하얀 저고리에 태극기를 들고 거리를 행진하는 것을 보았다. 러시아에서도, 그러니까 이들이 온 곳에서도 이런 행사를 하나요? 라고 물었지만 답해주는 이가 없었다. 대신 요즘은 한국 정주민도 챙기지 않는 한식 명절을 챙긴다는 이야기를 듣고, 결혼식에 한복을 입는다는 이야기를 들었다. 이들이 안중근의 후예이고 홍범도의 후예라고 했다. 실제로 독립운동가의 자손들은 귀화를 하기가 상대적으로 용이했다. 조상 대대로 가지고 있는 증명 문서를 한 장이라도 가지고 있다면. 연해주에서 중앙아시아로, 그곳에서 다시 한국으로 오는 그 순간까지 증거가 될 종이 뭉치를 품에 안고 왔다면 말이다. 그러니 그들은 구술로 전할 뿐이다.

"할머니 엄마가 조선에서 독립운동을 했어요. 일본군이 마을에 들어왔을 때 같이 싸웠어요. 싸움에서 졌고 러시아로 도망쳤어요. 호수? 강 같은 것이 있어서, 그 길을 건너 러시아까지 걸어갔어요."

누군가는 떠나올 때 받은 패물함을 말하고 누군가는 증조부가 준 반지를 언급한다. 그들의 뿌리는 그들의 기억 속에서 이어진다.

그럼에도 이들은 필요에 의해 독립운동가의 후손이 되었다가, 한민족의 후예로 소환된다. 그러다 금새 잊힌다. 누군가가 자국의 땅에 정착하기 위해 지원을 받고, 환대 받아야 하는 이유를, 아직까지 '한민족'이라는 말에서 밖에 찾지 못하는 사회이다. 정착을 위해 뿌리를 앞세운다. 그러는 사이 이들은 서로 뭉쳐 삶의 기반을 조성하고 있다.

고려인 마을은 이들의 정착을 지원하는 공간이기도 하다. 지역 의료진이 매주 무료 검진을 하고, 고려인 방송국을 통해 관련된 정보와 소식을 전한다. 체불임금, 산재상담에 관한 지원도 이곳을 통해 받는다. 광주시가 2013년 '고려인 주민지원 조례'를 국내 최초로 제정한 배경에는 고려인 공동체라는 존재가 있었다. 자신들에게 공단 인근 원룸 주택밖에 내주지 않는 척박한 한국 땅에서 이들은 찬찬히 뿌리내리고 있다.

고려인 4세라 불리는 청소년을 만난 적이 있다. 처음 한국에 와서 입학도 못하고 1년을 혼자 집에서 보낸 어린 시절을 들려준 그는 훌쩍 자라 제 발로 인력업체로 찾아갔다. "학생인데 일을 시켜줘요?"라는 내 물음에, 마치 가짜 신분증을 들고 호프집에 들어서는 10대 후반의 당당함과 엇비슷한 웃음을 지었다. "제가 나이 들어 보여요." 그렇게 생산직 제조업체에서 일을 해 돈을 모았다. 돈을 모아 어디다 쓸 거냐고는 묻지 않았다. 돈 쓸 곳 많은 건 여느 십대와 다를 바 없을 테니까.

남편을 따라 광주 고려인 마을에 온 이는 안산으로 가서 일하고 싶다고 했다. "여기를 떠나고 싶어요?"라고 묻자 일자리 이야기를 한다. "여기는 일이 없어요." 생산직 일자리만 만연한 이곳이 마음에 들지 않는다. 시댁 이야기도 슬쩍

한다. 가족이 많은 것이 갑갑하다고 했다. 한국인들로부터 고려인은 가족이 소중하다는 이야기만 들어온 터라, 그렇게 감정을 털어놓는 이가 반가우면서도 반가운 기색이 드러날까 봐 조심스러웠다. 한국에 처음 와선 안산 고려인 식당에서 홀서빙을 보았다고 했다. 그때를 그리워한다. 지역을 떠나고 도시로 가고 싶은 욕망이 한국 지역사회 여성들의 서울 이주 욕망과 겹쳐 보여, 나는 진지하게 그 이야기를 듣는다. 이주라는 조건 속에서도 저마다의 결대로 뿌리를 내린다. 이들이 한민족이라 이 땅에 뿌리는 내려야 하는 것은 아닐 테다. 어디서 누구로 단 한 순간을 살아도 뿌리를 땅에 박아야 하는 것이 삶일 뿐이다.

    낮과는 다른 풍경이 되어 북적이는 고려인마을을 빠져나온다. 일상의 활력이 조명을 켠 상점들에서 묻어난다. 강제이주 초기 소련은 고려인들의 통행권을 빼앗고 그들을 사람이 아닌 인력으로 중앙아시아에 묶어두려 했다. 우리는 그 역사를 비판한다. 그렇다면 한국 사회는 이들을 인력이 아닌 무엇으로 대하고 있을까. 어디로 갈 수 있는 통행권을 주고 있을까. 공단 옆 작은 마을을 제외하고 이들에 갈 수 있는 곳은 어디일까.

3.
가장 늦게 잘리는 자, 경리[112]

아가씨 노동의 실체를 보다

'여직원' '아줌마' 이들은 인터뷰 내내 자신을 이렇게 불렀다. 자신의 직업을 이렇게 말하기도 했다. '아가씨 자리'. 아가씨 자리에서 일하는 아줌마라. 다른 명칭도 나왔다.

"제일 싫어하는 말인데, 우리는 잡부였어요. 오만 잡일 다 하는."

이들의 직업은, 경리다. 명함 한 장이 없다. 명함이 있다 해도 새길 직책이 없다. 사람들은 사무실로 전화해서 이렇게 말하곤 한다.

"아가씨, 남자 바꿔."

남자는 단순한 성별을 의미하는 게 아니다. '높은 사람'을 가리킨다. 지금 전화를 받는 '여직원 아가씨'는 높은 사람일 수 없다. 무례하지만 꽤 근거 있는 판단이다. 통계가 말해준다. 여성이 정규직일 가능성은 10명 중 3명. 그중에서도 높은 사람, 즉 고위관리직일 가능성은 11퍼센트뿐이다.[113]

---

112 희정, 〈하늘 아래 커피만 타는 경리는 없다〉, 《프레시안》, 2018.5.8.
113 여성 정규직 비율 38.4퍼센트(2016년 기준, 한국여성정책원 발표), 여성

비정규직 비율이 높고 근속연수가 짧은 것이 여성 노동의 특징이라 했다. 관리직이 될 가능성이 현저히 적다.

통계청과 한국노동사회연구소의 조사에 따르면, 여성 임금노동자 중 3번째로 많은 수의 직업군이 경리직이다(6.7퍼센트). 전체 여성 노동자 수가 870여만 명 정도라 하니, 이 세상에 경리라는 직함을 단 이는 60만 명쯤 되겠다. 세상은 그 60만 명의 일자리를 '연봉 낮고 고졸이나 전문대 졸업장을 가진 어린 여자가 취업하는' 직종으로 본다. 이런 생각은 구인 공고에서도 쉬이 확인할 수 있다. 〈단순 업무 경리 모집〉 경리 업무를 단순하다고 규정하고 간다. '단순'한 업무에는 낮은 대가를 지불해야 한다고 여기는 사회니 월급은 최저임금에 가깝다. 최저임금 월급 받고 오만가지 일을 다 해야 하는 업무를 감당하는 성별과 나이대가 따로 있다고 믿는다. 그러니 경리 일은 '아가씨' 노동이라 여긴다. 하지만 일하는 사람들은 다른 말을 한다.

"우리 같이 나이가 있는 사람이나 버티지. 아가씨들은 있을 이유가 없는 거죠."

'아가씨 자리'에 '아줌마' '여직원'이 있게 된다. 그래서일까. 경리들의 고용을 세상은 별로 주목하지 않는다.

고위관리직 비율 11퍼센트(2014년 기준, 국제노동기구 발표).

경리는 일회용품이 아닙니다

경리들이 대거 해고된 일이 있었다. 2017년 울산의 현대자동차 제조 공단은 소리 없이 소란스러웠다. 현대자동차 소속 120여 개 하청(하도급)업체가 통폐합하거나 외주화됐다.[114] 그 업체들마다 경리라 불리는 직군이 있을 것은 당연하다. 경리들도 대부분 해고됐다. 이 중 30여 개 업체의 경리 직원들이 문제를 제기했으나 싸울 수 없어 결국 포기했다. 하지만 2명은 끝까지 남아, 1년 넘게 복직 싸움을 했다. 박하진(가명)과 강미희(가명)다.

"10년 동안 있으면서 지켜봤어요. 업체 폐업이 되면 남자들만 고용승계 되고. 해고시킬 때도 제일 먼저 자르는 게 여자, 생산직 아줌마 자리. 경리 일은 누가 해도 해야 하는 거니까. 폐업 정리도 해야 하고, 일을 시켜야 하니까. 마지막에 내보내는 거죠."

박하진이 말한다. 이번에도 '역시'였다. 그들은 끝까지 남아 인수인계까지 다하고 해고 통보를 받았다.

"직영(정규직)으로 가는 사람들 서류 처리를 우리 손으로 다 했어요. 마지막으로 저만 남았을 때 좌절감이 심했거든요. 일자리 잃을까 봐 불안에 떠는 건 경리밖에 없었죠."

---

[114] 300인 이상 기업의 절반 이상(51.1퍼센트)인 1,766개 기업이 파견, 용역, 도급 등의 소속 외 근로자 활용하고 있다. 그중 상당 부분은 사내 하도급으로 추정된다. 정흥준, 〈사내하도급 문제점과 정책 방향〉, 한국노동연구원, 2017. 참조.

박하진, 강미희. 이들은 현대자동차 울산공장 1차 하청 업체 경리노동자다. 이들이 말하는 '직영'이란 현대자동차를 가리킨다. 현대자동차는 1만 명 넘는 비정규직을 불법파견으로 사용한 대가로 이들을 정규직화시키라는 대법원 판결을 2014년에 받았다. 한동안 "자동차 오른쪽 바퀴는 정규직이, 왼쪽 바퀴는 비정규직이 만든다"는 말이 돌았다. 그만큼 정규직과 비정규직 하는 일의 구분이 없다는 소리였다. 같은 공간에서 같은 업무를 지시 받는데 누구는 정규직이고, 누구는 비정규직이었다. 법원은 그것을 파견법 위반이라 했다.

법을 위반했으니 이들을 직접고용 하라는 판결이 내려졌지만, 대법원 판결 이후에도 3년 넘게 싸워야 했다. 13년을 채우고야 이들은 현대자동차에 정규직으로 입성할 수 있었다. 그렇게 누군가 정규직이 되어 일해온 사내하청 업체를 떠날 때, 업체들도 탈바꿈을 시도했다. 사내하도급은 아무래도 불법파견 요소가 크니, 기존 업체들을 공장 밖으로 옮겼다.[115] 그렇게 사내하도급이 사외하도급으로 변모하는 과정에서 업체들은 '일단' 문을 닫았다. ○○테크가 문을 닫고 밖으로 이동해 ㈜○○테크로 다시 문을 여는 식이었다. 이름조차 바뀌지 않았으나 다른 회사라 했다. 현대자동차 낙하산 타고 온 사장도 여전한데, 경리만 바뀌었다. 사장은 10년 차

---

115 사내하청은 원청의 사업장 내에서 업무가 이루어지기 때문에 업무 도급인지, 인력 도급인지에 따른 논란이 있고, 인력 도급일 경우 불법파견의 소지가 크다. 앞의 자료 참조.

경리를 쓸 마음이 없었다.

"업체 새로 가면 신입이 되어야 한다고 그러는 거예요. 취업규칙 다시 써야 하고. 경력 인정 못 하고. 너희 연봉 못 맞춰준다고."

이들은 해고자가 됐다. 2017년 여름, 10년차 경리들은 해고 싸움을 시작한다. 반팔 옷 하나를 만들어 입고 다녔다. 뒷면에 쓰인 문구는 이러하다.

〈경리는 쓰고 버리는 일회용품이 아닙니다.〉

대기업 생산현장에서 만난 10년 차 경리

싸우려면 노동조합이 필요했다. 그런데 이들은 노조조차 가입할 수 없다고 했다.

"우리는 지금까지 아무것도 아니었는데. 제일 낮은 노동자였는데 왜 노동조합조차 안 된다는 건지."

왜 가입이 안 되는지. 왜 '노동자조차' 아니어야 하는지. 현대자동차 하면 '강성노조'가 있다고들 생각한다. 현대자동차 울산공장만 해도 3만 명 규모의 노동조합이 있다. 그리고 10년 넘게 싸워 정규직화라는 성과를 올린 비정규직 노동조합도 있다. 박하진과 강미희도 노동조합을 가까이서 봐 왔다. 그러나 자신들과는 무관한 존재였다.

"우리도 (노동자로) 뭘 할 수 있다는 걸 몰랐어요. 우리끼리 이야기해요. 무지한 게 죄였다고. 너무 밀폐된 곳에서 우리 둘밖에 없었거든요. 단절돼 있었거든요."

사장과 둘이 작은 사무실에 갇혀 일했다. 사장이 하기 귀찮은 일, 불편한 일까지도 이들 몫으로 돌아왔다. 실컷 부려먹고, 그걸 근거로 사장은 경리가 '사용자의 이익을 대표하는 자(노조법 제2조)'라 했다. 그래서 노동조합 가입은 할 수 없다고 했다. 노동조합(금속노조 현대차지부) 또한 같은 말을 했다.

"지부(노조) 실장님이 노조에 가입이 안 되는 사례를 알려주시더라고요. 인사, 노무, 회계 담당자. 이 사람들은 노조 가입 못한다고. 그래서 이야기를 했죠. 우리가 경리니까 급여를 계산하긴 한다. 그런데 급여도 우리 마음대로 줄 수 있는 게 아니잖아요. 자동차 직영에서 시급부터 수당까지 다 정해줘요. 소수점 두 자리까지."

낙하산과 다를 바 없는 현대자동차 퇴직 인사들이 하청업체 사장을 거친다. 이들이 근무한 10년 동안 사장만 두 차례 바뀌었다. 사장 노릇 5년쯤 하다 보면 현대자동차에서 다른 사장을 내려보낸다. 사실상 임시직인 업체 사장이 자의적으로 결정할 수 있는 건 없다.

"인사는 바지사장도 못 하는 게 인사다. 노무관리도 자동차 직영에서 해요. 사장 마음대로 한 개도 못 해요. 그런데 우리가 무슨 관리자냐."

노조에 가입할 수 없다고 할 때는 관리자라 하더니, 10년차 관리자 월급이 업체 1년 차 생산직 남성 노동자와 같았다. 가족경영을 실천하는 업체는 온갖 자리에 친인척을 채워

넣고 월급을 매년 인상시켰다. 그 월급을 경리 노동자가 입금했다. 정작 자신의 임금은 동결이었다.

"우리가 처음에는 노동자도 아니고, 사측도 아니고, 개똥 아무것도 아니었지."

아무것도 아니었던 그녀들은 싸우며 스스로 존재를 알렸다. 노동조합(현대차비정규직지회)에 가입한 후, 처음으로 자신들의 해고 문제를 알리는 집회에서 강미희는 외쳤다.

"여러분은 업체가 폐업할 때마다 경리들만 해고되는 것을 알고 계십니까?"

시장에서 만난 20년차 경리

"10년차면 얼마나 일을 능숙하게 잘하겠어요. 그렇지만 사장 마음대로는 안 되니까. 예전에는 '네네' 하던 애들이 이제는 안 하니까. 너희가 이제 나이 좀 들었다고…."

지나고 보니, 이것은 흔한 경우였다.

"10년쯤 되니까 그 월급 주기도 싫고 너 나가려면 나가라, 하는 거잖아요."

울산에서 만난 경리 이야기를 들은 다른 경리직 여성들은, 사장이 내보낼 궁리를 하는 게 눈에 선하다고 했다. 그러면서 덧붙였다.

"여자 무시하는 거죠."

하지만 사장이 무시한 것은 여자만은 아니었다.

"사장은 사람 귀하다는 생각 안 해요. 여기서 돈 벌고 나가면 끝날 인연이라 생각하기 때문에. 뭘 하질 않아. 심지어 그 전 사장은 10년 넘은 직원 얼굴도 몰랐어요."

잠시 머물려 이윤만 챙겨가는 인력 장사 파견업체, 그리고 대행업체들. 그럴수록 계산기 앞에 두고 '부리는' 사람을 하찮게 여긴다. 무시에도 순위가 있다.

"직원들은 몇 년 쓰고 버리는 소모품인데, 그중에서도 여직원들은 가장 버리기 좋은 소모품인 거예요."

하지만 이들은 말했다. 우리는 소모품이 아니야. 그 말이 소중해서 적었다. 그럼에도 내게도 경리는, 가장 먼저 또는 가장 늦게, 그러니까 사장의 선택에 의해 '잘리는' 그런 사람이었다. 하지만 몇 년 후 이상하게 멋진 경리를 만났는데, 경리직 20년차 허진희였다. 그는 서면시장번영회에서 일하는데 지금은 파업 중이다. 파업하는 경리라니.

부산 시내 카페에서 만난 그는 허브티를 주문하며 말했다.

"요즘은 커피를 안 마시려고 해요. 최대로 마셔도 한두 잔. 최근에 소송을 하면서 신경이 바짝 곤두서서 잠을 거의 못 자고 그랬거든요, 한여름 내내. 법정 소송이 끝이 없으니까, 항소하고 또 항소하고. 불면증 약도 소용없는 거 같아요. 살짝 졸립다가 말아요."

신경을 곤두세우며 싸운 시간이 900일 가까이 된다. 3년을 싸웠다. 싸움의 이유는 해고도, 임금 삭감도, 징계도 아니었다.

"여기도 거기랑 다를 게 없어요."

거기란 대기업 사내하청, 바지사장들이 있는 공간. 뜨내기처럼 몇 년 머물다 가면서 수익만 뽑아가는 그런 행태를 보이는 사장과 일하는 경리에 관한 이야기를 나눈 참이었다.

"저희도 법인 대표자로 올라오면 비슷해요. 10년 이상 대표를 할 수는 없어요. 자기들끼리 파벌싸움도 있거든요. 권력을 유지할 수 있는 게 언제까지인지 모르는 거예요. 그러니까… 자기들이 회장단에 있는 동안, 할 수 있는 권력을 다 누리고 가자."

부산에 자리한 60년 전통시장인 서면시장 안에는 수백 개의 점포가 있고, 수백 명의 상인들이 있고, 수백 명의 점포 주인이 있다. 임대료와 운영비를 내고 장사를 하는 것은 세입자 상인들이지만, 회장단은 점포주들로 꾸려진다. 회장단은 번영회(사단법인)라는 이름으로 서면시장을 운영 관리한다. 정부 지원금을 받아 전통시장 시설 현대화 작업도 하고, 시장 주차장 관리를 통해 운영 자금을 확보하기도 한다. 여기에 수백 개 점포의 수도세, 전기세 등 공공요금 관리까지. 그러니까 시장 번영회는 돈이 오가는 곳이다. 운영과 유지, 즉 살림에는 돈이 필요하고, 돈이 오가는 곳에는 금전을 계산하고 관리하는 경리직원이 필요하다. 그래서 경리직원 허진희도 서면시장에 있다.

경리는 돈이 나가고 들어오는 길목을 파악하고 한 눈에 볼 수 있다. 그들의 업무이기도 하다. 그래서 허진희는 돈이 잘못 쓰인 대목을 지적했다.

"우리가 내부 고발을 하고 지금 3년째 투쟁을 하고 있는 거잖아요."

번영회 회장단이 저지른 비리 문제를 고발했다. 그래서 잘렸고, 싸워 복직했고, 지금은 파업 중이다. 가장 먼저 잘리는 자가 경리라 했는데. 이 사람(그리고 허진희와 같이 싸우고 있는 총무 김태경)은 가만 있다가 얌전히 잘리는 사람이 아니었다. 그렇게 20년 경력 베테랑 경리가 지금은 일손을 멈춘 이야기를 듣는다.

경리와 총무만 있는 노조

"21살 때, 경리 일을 하고 3년간 돈 벌어서 대학 가고. 대학에 가서도 알바를 했는데, 부산도 서울 동대문처럼 막 옷가게가 성행할 때였어요. 르네시대라고 동대문 두타 느낌의. 저녁에 일하면 임금이 좀 세니까, 저녁부터 해서 새벽까지. 한 1년 반을 일했어요. 그땐 다 그렇게 알바를 하면서 용돈도 벌고 등록금도 번 거 같아요."

그때라는 것은, 20여 년 전.

"전공은 호텔 경영이었어요. 부산에 백스코(BEXCO)가 생기고, 관광이랑 물류유통 붐이 불 때였어요. 관련 학과들이 생기고. 외환위기를 겪으면서 집안 사정이 좋지 못했거든요. 원래대로면 대학에 갈 수가 없는데, 제가 막 우겨서. 어떻게라도 내가 벌어서 간다고 했어요. 휴학해서 학비를 모으려고 하니까, 알바로는 돈을 못 모으는 거예요. 그땐 최저임금 이런 것도 없어서. 월에 50만 원? 월급 주는 자리 아니고는 답이 없더라고요. 그런데 내가 해봤던 게 경리밖에 없으니까. 이걸로 이력서를 넣자. 지금도 이 일로 먹고 사네요."

15년쯤 하니 일이 지겨워져 다른 일을 찾아보자 했다. "나이가 들어서도 엑셀 보고 계산하고 촘촘하게 이걸 다 할 수 있을까 싶기도 하고." 그래서 의류 판매 일을 해봤는데, 성에 차지 않았단다.

"시간을 너무 흘려보내는 기분인 거예요. 서비스직 같은 경우는 매장을 지키고 손님이 오길 기다려야 하는 거잖아요. 손님이 오면 재미있지만, 기다리는 시간도 기니까. 저는 그전까지 매일 9시부터 6시까지 진짜 빡세게 계산하고, 은행 가고 왔다갔다 하면 하루가 금방 갔는데. 그게 저에겐 익숙해진 거죠."

다시 경리직을 모집하는 공고를 뒤적였고, 서면시장을 발견했다.

"저는 처음에 왔을 땐, 그냥 일반 회사인 줄 알았어요."

시장 번영회나 상인 조합에 관해 정보가 없었다.

"여기는 1원까지 다 맞춰야 해요. 큰 회사의 경우, 10원 이렇게 안 맞는 것은 '떨이'처럼 잔액 처리를 하는 게 있어요. 그런데 시장은 다 조합비로 이뤄지니까, 1원까지 다 맞춰야 해요. 1원 이것 때문에 회계 장부를 미친듯이 찾아요. 퇴근을 못 해요. 여기는 사장이 한 명이 아니라, 한 200~300명 되잖아요. 사장님들이 몇백 명이 있으면 자기들도 막 10원짜리 하나 두고 싸우거든요. 그러니까 정리된 장부가 딱 있어야 해요. 그래야 분란이 없어요. 회계사가 있어도 경리가 1차로 정리를 안 해주면 장부를 못 읽어요."

재래시장이라고 만만히 보면 혼쭐이 난다. 현금이 오가는 곳인데다가 재정 규모도 웬만한 기업에 뒤처지지 않는다.

"통장이 15개나 되고. 보통 15억, 많게는 20억 정도 움직여요. 나가고 들어가는 돈을 해마다 결산을 맞추는 데 한 달 정도 걸려요. 이제는 엑셀을 보면 재정 쓰이는 데가 연결고리처럼 주욱 보여요. 매년 하다 보니까, 이게 여기서 나간 돈이구나 바로 알죠. 그걸 무슨 퍼즐처럼 맞추는 거예요. 정말 섬세한 초시계처럼, 착착. 서면시장에서 경리 일을 하면서 더 집요해지고 꼼꼼해졌어요. 저는 재미있더라고요."

그게 재미있다니. 적성이다 싶다. 세상은 경리 일을 영수증이나 정리하는 단순 노동 취급하지만, 작업 사업체의 경우 회사 내에서 재정 흐름을 읽어낼 수 있는 거의 유일한 사람이 경리이다. 그런데 지금 그의 일을 대체 근무자들이 하고 있다. 일당 받으며 일하는 임식직으로, 파업 중인 허진희의 자리를 메운다.

"아마 공과금이랑 주차비 수입만 집계하고 있을 거예요."

파업이 마무리되면 정산과 총괄은 모두 허진희의 몫. "번영회도 허진희 씨가 빨리 돌아오길 바라겠네요" 하니 그가 말한다.

"더 엉망진창으로 해도 안에 내부 고발자가 없는 게 낫지 않을까요? 그 사람들 입장에서는요."

앞서 다른 경리가 쓸쓸하게 해주었던 말이 떠오른다.

"10년차면 얼마나 일을 능숙하게 잘하겠어요. 그렇지만 사장 마음대로는 안되니까. 예전에는 '네네' 하던 애들이 이제는 안 하니까."

그래서 내보낸다.

"돈 쓰임이 잘못된 것을 한눈에 보면 딱 아는" 경력직을 내보내고 신참을 데려온다. 그렇다면 노동조합에 경리 직군이 꼭 있어야 한다는 것 아닐까. 회사의 위압에 눌리지 않는 경리는 회사의 비리를 막을 방어막이 될 터이니까. 동시에 노동조합 안에서 경리는 '가장 먼저 잘리거나 가장 늦게 잘리는' 자신의 고용을 지킨다.

그래서일까. 앞서 언급한대로, 경리라는 업무 특성을 들먹이며 노동조합 가입을 가로막는 일이 빈번하다. 서면시장번영회도 극구 반대했다.

"번영회 측에서 경리와 총무는 안 된다 하는 거예요. 내부 사정이나 재정을 알기 때문에. 주차요원이나 경비는 되지만 우리는 노조에 들면 안 된다는 거예요. 그걸 핑계로 교섭을 진행 안 하고 버티는 거예요. 결과적으로 지방노동위원회까지 가서 경리도 총무도 노동조합에 들 수 있다고 인정을 받았지만, 과정이 너무 힘들었어요."

교섭이 성과 없이 시간만 끄는 상황에서 주차 관리, 청소, 경비직 등 다른 직군의 사람들이 노동조합을 떠났다. 지금 서면시장번영회 노동조합에는 회장단이 그토록 가입을 인정할 수 없다고 했던 경리와 총무 둘만 남았다.

저도 맨날 물어요

번영회는 노조를 대응하는 데 자문을 해줄 노무법인을 고용했다. "교섭 때 와서 물 한 잔 마시고 가는데, 몇 십만 원씩 받아 가더라고요." 그 돈을 지급하는 것은 경리인 허진희. 노동조합이 달랑 2명 남게 하는 데 힘을 다한 이에게 주는 노무비도 경리 손을 거쳐 지급된다.

"(허진희 자리에 들어온) 대체 인력들 받는 돈도, 일반 월급쟁이들이 받을 수 있는 월급이 아니야. 그 돈이면요, 현장에서 쌔가 빠지게 뛰어다니는 주차요원들 임금도 올려주고. 우리가 요구했던 거 다 할 수 있는 돈이에요. 전 이해가 안 간다고 했어요."

이해 안 가는 게 이뿐인가. 납득 안 가는 일이 소용돌이처럼 일어나지만 그는 여전히 머물렀다.

"노조 처음할 때는 진짜 점포주들이 저 겁주겠다고, 의자가 막 머리 위로 날아오고 그랬거든요. 그런데 그 사람들이 난리를 쳐도 (상가) 밑에 내려가면 할머니들 앞에선 절대 못 그러거든요. 다 점잖은 척해요. 저는 할머니들 속으로 쏙 들어가고. 할머니들이 여기서 오래 장사했으니까. 여기 여론을 만드는 사람들이니까. 함부로 할 수 없는 거죠. 할머니들도 힘과 권력에 따르겠지만, 그래도 평소에 자신들 심부름해

주고 말 상대 해주고 이런 사람을 외면할 순 없는 거죠. 사무직 노동자는 종일 컴퓨터 앞에 붙어서 머리싸움 해야 하잖아요. 그나마 1층, 2층에 상가 있으니까. 돌아다니면서 숨통이 좀 트이잖아요, 그게 저랑 좀 맞았던 거 같아요."

이 사람, 사람을 좋아하는구나. 저녁 6시가 되자 경리 허진희와 총무 김태경이 '퇴근'이라 외치는 것을 들었다. 한 명은 파업 중이고, 한 명은 해고 상태인데 무슨 퇴근인가. 그런데 6시가 넘었으니 이제부터는 싸우는 이야기가 아니라 일상 이야기를 하는 시간이라 했다. 이제부터는 연대를 오고, 취재를 와도 수다를 떨어야 한다. 허진희는 자신들의 싸움을 지지한다고 오는 사람들과 소소하게 담소를 나누는 시간을 좋아한다. 사람을 좋아한다. 동시에 그런 시간이 없으면 팽팽하게 당겨진 신경 줄이 끊어질 것임을 안다.

"나는 여기 있어도 내 신경은 온통 농성장(번영회 사무실 옆에 농성장을 차렸다)에 가 있는 거예요. 지회장(김태경 총무)도 똑같아요. 신경이 온통 저기에 쏠려 있어. 막 서로 엉뚱한 소리 할 때도 있어요. 다른 데 신경을 판 거죠."

그런데도 왜 싸움을 멈추질 않나. 나는 물었고, 그는 역시나 이 질문 많이 받았단다.

"그 질문 엄청 많이 받았어요. 저도 자신한테 맨날 물어봐요. 왜 멈추지를 못하는가. 정말 잘 때도, 내가 의식이 없을 때도 계속 나한테 물어봐요. 이게 지금은 그냥 삶의 일부인 것 같아요. 내 자신에게 막 질문을 던져도 내가 잘못한 게 없어요. 내부에 비리가 있었고 문제가 있어서 말한 거고. 그게 아니라도 주차요원들 진짜 밖에서 칼국수 한 그릇 시켜서 1분만에 마시듯 먹고 일해요. 그 사람들 빗길에 미끄러지고 다리 부러지고 이래도 보상 없고. 월급은 저임금에. 그런 것 좀 보장해달라. 근로조건 좀 개선해달라. 잘못 말한 게 아니잖아요. 그런데 내가 여기서 딱 멈춘다고 치면, 내가 잘못한 것처럼 모든 화살이 내게 돌아올 것 같다. 그래서 못 그만두겠다, 그런 생각을 해요."

나는 그에게 내가 아는 싸우는 여자들에 대해 들려줬다. 아주 오래 싸운 사람들이었다. 회사는 이들을 해고하고, 이들은 싸워 복직했다. 해고와 복직이 몇 차례 반복됐다. 그때마다 같이 한 이가 말했다.

"아침에 선전전(복직 투쟁 일정)을 하러 가려고 옷을 입으면서도, 내가 왜 가려고 하지? 어휴, 내가 미친년이지 그래요. 그러면서 옷 입고 나와. 문 닫고 나오면서 어휴, 내가 왜 거길 가려고 하지? 내가 미친년이지. 이러면서 지하철 개찰구에 카드 찍고 있어. 이러다 보면 선전전 장소까지 도착해 있어요."

도착한 그곳에, 그처럼 머리를 감싸쥐며 온 동료들이 있다. 서로들 때문에 망설이면서도 온다. 솔직히 말하자면, 나는 허진희가 종종 싸움의 시작으로 언급하는 주차요원 '어르신'들 이야기가 그다지 감명 깊지 않았다. 그건 내게 너무 연민 같은 이야기로 들렸다. 그런데 그와 마주 앉아 이야기를 나누다 보니, 예전에 취재차 만난 정화업체 사람들이 떠올랐다. 구청으로부터 용역을 받아 오물 정화 작업을 하는 업체였다. 스무 명의 현장직 노동자와 3명의 경리노동자가 있었는데 어느 날 사장이 경리직원들을 이렇게 보더니 "3명은 너무 많네" 했단다. 한 사람 자르겠다는 이야기였다. 그걸 안 나이 든 현장직 노동자가 그들을 보며 "느그들, 얼마 받노?" 물었다. 그걸 계기로 경리직원들도 노동조합에 가입했다.

해고는커녕 지금껏 물가 상승률조차 반영하지 않던 경리 월급을 인상해야 할 상황에 처한 사장은, 역시나 같은 논리로 "경리는 노동조합에 가입할 수 없다"고 했다. 이에 현장직 노동자들은 그해의 단체협약(매년 노사가 임금과 노동조건을 정하는 협약)까지 포기하며 경리직원들의 노조 가입을 목표로 싸운다.[116] 정년 몇 년 안 남은 나이에, 내 일도 아닌 경리직원 일로 싸워야 하는 사람들 사이에서 성인군자 같은 소리만 오가진 않았을 텐데. 그 볼멘소리를 누른 것은 이 말이었다. "너그랑 나랑 다 똑같은 사람인데". 나이 든 현장 노동자가 경리직원들이 미안해할 때마다 했다는 소리.

사람이니까 싸우고, 사람 때문에 싸운다. 이 당연한 사실이 식상하거나 포장된 이야기처럼 들리는 것은, 우리 삶을 다른 어떤 것이 감싸고 있기 때문이겠지.

정화업체 경리들도, 서면시장의 허진희도, 현대자동차 사내하청 경리 두 사람도 모두 82년생 김지영의 또래라고 할 수 있었다. 한 조사[117]에 따르면 여성의 임금은 나이가 들

---

116 부산일반노조 소속 사업장인 '동래정화'의 이야기이다.
117 정경은, 《82년생 여성의 노동시장 실태분석》, 한국노동사회과학연구소,

어갈수록 낮아져, 82년생이 받는 평균 임금이 219만 원이라면 70년생은 188만 원, 58년생은 144만 원이라고 했다. 이 전개에 따르면, 현재 사무직인 김지영은 10년 뒤에 매장판매직이나 콜센터 상담원이 되고, 20년 뒤에 청소미화원이 된다. 그게 여성노동자의 운명이라 했다.

신자유주의 운명의 수레바퀴는 잔혹도 하다. 수레바퀴의 가속을 저지하는 방법을 애써볼 수밖에 없다. 그것은 "너랑 나랑 다 똑같은" 사람이라는 늙은 노동자의 말일 수도 있겠다. "빗길에 미끄러지며 일하는 주차관리 요원"을 돌아보는 마음일 수도 있겠다. 차이를 두어 일하는 사람을 쪼개고 나누려는, 결국은 버려지는 속도만 다른 소모품으로 만들려는 기업에 대응하는 길에 무엇이 따로 있을까. 나뉘지 않으려고 애쓰는 일. 소모품이 아니라 우리로 살려고 애쓰는 일.

법의 편리와 기업의 필요에 의해 나뉘고 쪼개진 자신들의 자리를 되찾기 위해 싸우는 '그녀'들의 싸움을 응원했다. 아니 응원한다.

"설사 승리 못 하더라도, 아무것도 못했다고 생각하지 않아요. 우리는 뭐든 다 해봤어요. 저는 제가 기특해요. 잘했어. 기특해. 난 내가 너무 자랑스러워." (강미희)

2017.11.

참고도서 및 참고자료

1부

《탈핵신문 축쇄판》 1권, 탈핵신문사, 2014.
《탈핵신문 축쇄판》 2권, 탈핵신문사, 2016.
김성환·남티제 감독, 〈월성〉, 2019.
김영희 외, 《밀양을 듣다: 밀양 탈송전탑 탈핵 운동의 담론과 현장》, 오월의봄, 2019.
김우창, 《원전 마을》, 한티재, 2022.
노근리에서매향리까지발간위원회, 《노근리에서 매향리까지: 주한미군문제해결운동사》, 깊은자유, 2001.
밀양765kV송전탑반대대책위, 《밀양송전탑 반대투쟁 백서 2005~2015》, 2015.
이경직, 〈매향리 주민운동(2000)의 성격 연구: 주민들의 운동 주체성 변동을 중심으로〉, 2008.2.
일곱째별, 《일곱째별의 탈핵 순례》, 걷는사람, 2023.
전만규·국수용, 《오래된 폐허: 매향리 이야기》, 도요새, 2001.
전비담, 〈전만규의 끝나지 않은 숙제: 전만규 매향리주민대책위원장과의 대담〉, 《화성작가》 3호, 2022.
허철녕 감독, 〈말해의 사계절〉, 2017.
홍성규, 〈매향리 평화생태공원' 추진 사례로 본 사회운동의 제도화 연구〉, 2020.8.

2부

《롯데호텔 파업 백서》, 민주노총, 2000.
구로의원산업보건연구실, 〈한국통신공사 전화교환원들의 경견완장해 실태에

관한 조사연구 보고서〉, 1995.6.10. (출처: 일과건강 및 노동환경건강연구소)

김관욱, 《사람입니다, 고객님: 콜센터의 인류학》, 창비, 2022.

김상숙, 〈통신산업 여성 전화교환원의 노동과정과 노동 통제에 관한 연구: 한국통신 KT 사례를 중심으로〉, 2018.

김소연, 〈아름다운 저항 2.0 "2000년 6월 29일 순수는 짓밟혔다"〉, 《사람매거진 '나·들'》 14호, 2013.12.

김향수, 〈시민과학연대를 통한 1990년대 여성 노동안전보건운동〉, 시민건강증진연구소, 2012.

민주노총 주최, 〈경견완장애 예방대책 마련을 위한 간담회〉, 1996.10.15.

박소현·강유가람·이솜이 감독, 〈애프터 미투〉, 2022.

송민수, 〈직장 내 성희롱은 왜 발생하는가? 그리고 피해자들은 어떤 어려움에 처하는가?〉, 《월간 노동리뷰》, 2018년 3월호.

정경은, 〈롯데호텔 비정규직 150명이 파업에 동참한 까닭〉, 《월간 참여사회》, 2000.9.

정지현, 〈롯데호텔 여성노동자들의 오래된 미래〉, 《오늘보다》 38호, 2018.3.

조주영, 〈인적 구조조정과 구성원 고용불안에 관한 연구: KT를 중심으로〉, 2004.

최윤정, 《산업재해로서의 직장 내 성희롱》, 푸른사상, 2019.

한국통신노동조합, 《96 하반기 투쟁》 외 관련 노동조합 자료.

3부

〈2015년 전국공단 노동실태조사〉, 민주노총, 2015.

〈국내 거주 러시아. CIS(고려인) 현황 조사 2〉, 재외동포재단, 2015.

〈성서공단 실태조사 결과발표 토론회〉 자료집, 민주노총 대구본부, 2018.

〈전국공단(산업단지) 임금실태조사〉, 민주노총, 2016.

권태호, 〈산업단지 부동산 양극화와 개선방안: 대구산업단지성서공단의 토지 편중도 실태조사를 중심으로〉, 한국교육학술정보원, 2015.

김승력, 〈국내 체류 고려인을 위한 고려인 특별법 개정안의 현황과 전망〉, IOM 이민정책연구원, 2015.

김호준·주류성, 〈유라시아 고려인, 디아스포라의 아픈 역사 150년〉, 2013.

박정호, 〈소련 시기 중앙아시아 민족주의: 새로운 민족 국가의 형성과 발전〉, 《소비에트의 팽창과 갈등: 제국과 민족주의》, 한양대학교 아태지역연구센터, 2012.

블라지미르 김, 《러시아 한인 강제 이주사》, 경당, 2000.

송잔나, 〈소련의 이주 정책과 고려인 강제 이주〉, 2016.

시야, 〈부산 서면시장 번영회 노동자의 싸움〉, 싸우는노동자를기록하는사람들-싸람, 2023.

이규용 외, 〈고령화 및 고학력화와 노동시장 정책과제〉, 한국노동연구원, 2012.

이상근, 〈고려인 중앙아시아 강제 이주 과정 및 정착 과정〉, 《국사관논총》 제103집, 2003.

정경은, 〈82년생 여성의 노동시장 실태분석〉, 한국노동사회과학연구소, 2017.11.

정흥준, 〈사내하도급 문제점과 정책 방향〉, 한국노동연구원, 2017.

홍숙영, 〈고려인의 귀환과 이주의 내러티브 탐색〉, 2017.

뒷자리

희정 지음

초판 1쇄 발행 2024년 1월 31일

펴낸곳 포도밭출판사
펴낸이 최진규
등록 2014년 1월 15일 제2014-000001호
주소 충청북도 옥천군 옥천읍 성신로 16, 필성주택 202호
팩스 0303-3445-5184
전자우편 podobatpub@gmail.com
웹사이트 podobat.co.kr

ISBN 979-11-88501-37-3 03300

이 책은 저작권법에 따라 보호받는 저작물이므로
무단 전재와 복제를 금합니다.

책값은 뒤표지에 있습니다. 잘못된 책은 바꾸어 드립니다.

이 책은 서울특별시, 서울문화재단 '2021년 창작집 발간 지원사업'의
지원을 받아 발간되었습니다.